Alfabetização em valores humanos

Dados Internacionais de Catalogação na Publicação (CIP)
(Câmara Brasileira do Livro, SP, Brasil)

Borges, Dâmaris Simon Camelo
 Alfabetização em valores humanos – Um método para o ensino de habilidades sociais / Dâmaris Simon Camelo Borges, Edna Maria Marturano. – São Paulo: Summus, 2012.

 Bibliografia
 ISBN 978-85-323-0791-0

 1. Alfabetização 2. Crianças – Dificuldades de aprendizagem 3. Educação moral 4. Ética 5. Pedagogia 6. Prática de ensino 7. Professores – Formação 8. Psicologia de aprendizagem 9. Psicologia educacional 10. Sala de aula – Direção 11. Valores (Ética) I. Marturano, Edna Maria. II. Título.

11-12706   CDD-370.114

Índice para catálogo sistemático:
1. Educação dos valores humanos: Pedagogia e didática   370.114

EDITORA AFILIADA

Compre em lugar de fotocopiar.
Cada real que você dá por um livro recompensa seus autores
e os convida a produzir mais sobre o tema;
incentiva seus editores a encomendar, traduzir e publicar
outras obras sobre o assunto;
e paga aos livreiros por estocar e levar até você livros
para a sua informação e o seu entretenimento.
Cada real que você dá pela fotocópia não autorizada de um livro
financia o crime
e ajuda a matar a produção intelectual de seu país.

Dâmaris Simon Camelo Borges
Edna Maria Marturano

Alfabetização em valores humanos

Um método para o ensino de habilidades sociais

summus editorial

ALFABETIZAÇÃO EM VALORES HUMANOS
Um método para o ensino de habilidades sociais
Copyright © 2012 Dâmaris Simon Camelo Borges e Edna Maria Marturano
Direitos desta edição reservados por Summus Editorial

Editora executiva: **Soraia Bini Cury**
Editora assistente: **Salete Del Guerra**
Projeto gráfico e diagramação: **Casa de Ideias**
Capa: **Gabrielly Silva**
Imagem da capa: **Crystal Tran/Flickr**
Impressão: **Sumago Gráfica Editorial**

Summus Editorial
Departamento editorial
Rua Itapicuru, 613 – 7º andar
05006-000 – São Paulo – SP
Fone: (11) 3872-3322
Fax: (11) 3872-7476
http://www.summus.com.br
e-mail: summus@summus.com.br

Atendimento ao consumidor
Summus Editorial
Fone: (11) 3865-9890

Vendas por atacado
Fone: (11) 3873-8638
Fax: (11) 3873-7085
e-mail: vendas@summus.com.br

Impresso no Brasil

Sumário

Prefácio 9
Apresentação 13

Parte I Origem e construção do programa
1. O problema 17
   Qual é o problema? 17
   Dificuldades de convivência na escola sob a
   perspectiva das crianças 21
2. Nossa concepção de desenvolvimento humano 25
   A criança, um participante ativo desde o começo ... 26
   Que ambiente é esse? 29
   O cérebro ecológico: a importância da primeira década 34
   Os caminhos do desenvolvimento e o
   dia a dia da sala de aula 36
   Desenvolvimento humano de ponta a ponta 37
3. Fundamentos do programa 39
   Para construir a convivência 43
   O saber: dimensão intelectual-cognitiva 44
   O querer fazer: dimensão afetiva 50
   O poder fazer: autocontrole 57

4. O programa de intervenção 63
   Módulo de desenvolvimento de habilidades de
   solução de problemas interpessoais 64
   Módulo de discussão de valores humanos 69
   Módulo de autocontrole 73

Parte II Conduzindo o programa na sala de aula 77

5. Promovendo o saber: currículo "Eu Posso Resolver Problemas" ... 79
   Lições formais 79
   Integração dos conceitos no currículo e
   no dia a dia da sala de aula 97
   O diálogo EPRP 101

6. Promovendo o querer: reflexão sobre valores humanos
   com apoio em histórias 111
   Histórias selecionadas 112
   Procedimento específico 122

7. Promovendo o poder: desenvolvimento do autocontrole 137
   Procedimentos específicos 138

8. Questões pertinentes à implantação do programa 145
   O profissional da educação 162

Parte III Resultados do programa 167

9. A pesquisa em uma classe de segundo ano 169
   Método 170
   Resultados 172

10. Implicações e perspectivas 179
    A criança sabe o que faz? 180
    Saber fazer é diferente de querer fazer! 188

"Eu sei o que deveria ter feito, eu queria fazer, mas...
perdi a cabeça" 194
Considerações finais 196

Referências bibliográficas 199

Prefácio

Há tempos os educadores se debruçam em estudos, pesquisas e métodos para melhor alfabetizar as crianças, ou seja, iniciá-las nas letras e nos números e, assim, instrumentalizá-las para a escrita e a leitura, para os cálculos matemáticos e as ciências – portanto, para os conteúdos acadêmicos.

Esses mesmos educadores costumam se queixar insistentemente do mau comportamento dos alunos, da falta de educação e de modos com que se relacionam entre si e também com os professores, da crescente violência na escola e de como isso atrapalha seu trabalho e o bom andamento das aulas.

Uma parte dos professores, diante de tal realidade, desanima, desiste, ainda que muitas vezes permaneça em sala de aula até a aposentadoria. Outra parcela desses profissionais faz tentativas esparsas e intuitivas de ajudar "os alunos difíceis" a participar das aulas e não atrapalhar a turma. Dâmaris Simon Camelo Borges e Edna Maria Marturano foram mais longe: com seriedade, compromisso, pesquisa e senso de justiça, arregaçaram as mangas para alfabetizar seus alunos em valores humanos.

No discurso dos professores, sempre se pregou que é papel da escola formar o aluno de maneira integral, considerando aspectos físicos, cognitivos, afetivos e sociais. No entanto, no momento de planejar as atividades que serão propostas às crianças, o foco fica sempre nos conteúdos acadêmicos. Ingenuamente, considera-se que, munido apenas de boas intenções e boa índole, o professor transmitirá bons princípios e valores aos seus alunos.

As autoras do presente livro convidam-nos a uma reflexão otimista sobre o papel dos adultos na escola. Entendendo alunos e professores como sujeitos e admitindo que os conflitos estão e estarão sempre presentes na vida e no cotidiano escolar, relatam o sucesso da aplicação de um programa de educação para a convivência, para a construção de habilidades sociais e para a manutenção do autocontrole.

Assim, Dâmaris e Edna apresentam lições formais que se integram facilmente às atividades "acadêmicas" da educação infantil ou dos primeiros anos do ensino fundamental. Entre seus instrumentos estão histórias e dramatizações que permitem à professora escutar o que os alunos têm a dizer. Ela, então, encoraja-os a escutar-se entre si, ajudando-os a pensar em alternativas para solucionar os impasses, perceber os próprios sentimentos e identificar os sentimentos dos outros. Tudo isso leva as crianças a ampliar habilidades sociais e descartar a violência como forma de resolver problemas.

Vale ressaltar que, para o sucesso de um programa como esse, o leitor não pode cair na tentação de utilizá-lo como livro de receitas. A seleção de histórias apresentada, por exemplo, pode facilmente ser usada de forma moralista e autoritária. O que fará diferença na criação de um ambiente favorável à construção de habilidades sociais será a postura crítica e reflexiva do professor, que precisa permanentemente escutar as crianças e se indagar sobre a melhor forma de conduzir uma conversa com a classe.

O convite ao diálogo, tão bem apresentado no livro, deve se estender de forma sistemática entre os diversos profissionais da escola. O educador não pode se sentir sozinho diante de uma sala de aula: ele precisa do respaldo da direção, da coordenação e dos outros professores e funcionários da escola para que consiga sustentar sua posição de autoridade de forma pacífica e ao mesmo tempo eficaz. Criar espaços de conversa e reuniões para trocar experiências possibilita que todos exercitem também a convivência, aprendam a lidar com as divergências de opinião, com os conflitos. Assim, todos avançam do ponto de vista da construção da própria moralidade.

Pensar a forma como esse diálogo pode ser fomentado entre os profissionais da escola e com os pais dos alunos me parece um grande desafio, e este livro é um bom ponto de partida para ele.

Vitória Regis Gabay de Sá
*Pedagoga e psicopedagoga, coordenadora pedagógica
da Jacarandá Berçário e Educação Infantil*

Apresentação

Este livro é fruto de um intenso trabalho de pesquisa dentro de sala de aula. Teve origem na curiosidade e na inconformação produtiva de uma professora que, insatisfeita com o rumo que os relacionamentos nas salas de aula têm tomado, foi em busca de respostas para seus questionamentos.

Em uma sala de aula ficamos diante de inúmeros universos pessoais, originados em grupos familiares com histórias construídas ao longo do tempo, até então sem a participação do professor. Como lidar com cada um desses universos em uma cultura na qual o individualismo é tão valorizado? Como conjugar em classe as idiossincrasias de tantas pessoas que devem caminhar em direção ao mesmo objetivo – a busca do conhecimento?

Registramos aqui o depoimento da primeira autora a respeito de suas inquietações e dúvidas: "Ao iniciarmos a pesquisa, de minha parte, eu procurava um programa de intervenção que resolvesse milagrosamente os problemas de comportamento ocorridos na classe. Ao longo do tempo, fui descobrindo que milagres não existem, tampouco uma forma de intervir que modifique o comportamento das crianças à nossa imagem e semelhança".

Chegamos ao denominador comum: quando se trata de educandos e educadores, quando se trata da formação do indivíduo, para que ocorra melhora efetiva nos relacionamentos interpessoais é necessário que todos os envolvidos revisem a sua forma de agir.

Ensinar habilidades sociais às crianças é aperfeiçoar a manifestação social do seu comportamento. Mas o que dirige o comportamento das pessoas? Será que conseguiremos melhorar o comportamento de uma criança sem discutir os valores aprendidos em sua trajetória de vida? E se formos além do ensino de habilidades sociais e discutirmos esses valores? Será que aprendendo a ser socialmente mais habilidosos e tendo revisado os valores que direcionam nosso comportamento seremos capazes de agir adequadamente diante de qualquer situação estressante? Será que somos um modelo adequado para a criança mirar-se e se deixar influenciar?

De uma prática guiada por tais reflexões e continuamente reavaliada resultou este livro. Ele trata da busca de um clima mais favorável de relacionamento na sala de aula e de como, nessa busca, temos de olhar para o educando e para nós mesmos. Sendo assim, esperamos que possa ser útil a quantos se consideram educadores, especialmente aos professores do ensino fundamental.

Ao compartilhar com os colegas nossa experiência, lembramos a pergunta que as pessoas sempre nos fazem: é possível educar uma criança agressiva sem recorrer nenhuma vez à agressividade? A resposta é sim! Como? Nossa expectativa é que a leitura desta obra ajude cada um a encontrar seu caminho.

Parte I

Origem e construção do programa

Parte I

Origem e construção do programa

O PROBLEMA

Este livro trata da convivência em sala de aula. Trata de crianças que iniciam o ensino fundamental, de seus professores e das vicissitudes que compartilham para construir juntos uma convivência respeitosa que facilite o aprendizado.

Por que as autoras se aventuraram a trabalhar com esse assunto? Por que caminhos chegamos à sala de aula como possibilidade de enfrentar o problema da convivência nas escolas? A convivência nas escolas é, afinal, um problema?

Qual é o problema?

Atualmente, muitas são as queixas dos professores quanto à convivência em sala de aula. Queixam-se da falta de interesse dos alunos em relação à aprendizagem, queixam-se da falta de respeito, da falta de limites, das constantes confusões em que os educandos se envolvem.

Como lidar com essa dificuldade de relacionamento, com a dificuldade de manter os alunos atentos à aprendizagem? Como lidar com os constantes conflitos na sala de aula?

Quando nos referimos aos inúmeros conflitos e dificuldades de adaptação, queremos na verdade abordar a forma de enfrentar os conflitos. Estes são característicos dos relacionamentos humanos, dizem respeito ao encontro de diferentes pontos de vista. O que atrapalha os relacionamentos não é o conflito, mas o confronto, que se distingue pela busca da anulação do outro.

As pessoas podem expressar três formas básicas de enfrentar conflitos interpessoais: o comportamento submisso, o comportamento assertivo e o comportamento agressivo (Leme, 2004). O comportamento submisso implica a consideração apenas dos sentimentos e direitos dos outros em prejuízo dos próprios. Desse ponto de vista, o comportamento submisso é indesejável. Já o comportamento assertivo caracteriza-se pelo enfrentamento de situações conflituosas em que a pessoa defende seus direitos sem usar a força ou outra forma de coerção. Por suas características, é o comportamento mais desejável em situações de conflito, embora haja exceções; muitas vezes mostrar-se assertivo pode ser perigoso. É o caso, por exemplo, da criança que precisa enfrentar o "valentão" da escola. Por último encontra-se o comportamento agressivo, que envolve a busca de soluções coercitivas no interesse próprio, sem considerar os interesses e direitos dos outros; o agressivo exige que as pessoas se submetam à sua vontade de uma maneira ou de outra.

A resolução de conflitos por meio da agressividade está relacionada ao problema da violência nas escolas. Não estamos aqui nos referindo apenas ao aspecto mais óbvio, o da violência física, mesmo porque o termo "violência" possui uma ampla gama de definições. A definição de violência depende do contexto em que ela é abordada e pode incluir desde a agressividade física até formas mais veladas, como a maledicência. Considerando a complexidade do assunto, adotamos a definição de violência mais adequada ao trabalho de preparação para a convivência que procuramos desenvolver: "Todo ato, praticado de forma consciente ou inconsciente, que fere, magoa, constrange ou causa dano a qualquer membro da espécie humana" (Fante, 2005, p. 157).

Refletindo sobre essa definição, lembramos como é comum, não só nas brincadeiras entre as crianças, mas, muitas vezes, entre os adultos que deveriam servir de referência, as pessoas agirem de forma agressiva com brincadeiras como dar tapas na nuca ou "sardinhas", ou dizerem palavras ofensivas; são as chamadas "brincadeiras de mau gosto". Quando o outro se ofende ou se ressente, o agressor rebate dizendo: "Eu estava brincando!" Nesse exemplo, percebe-se que a pessoa não considera os sentimentos do outro, leva em conta apenas o seu ponto de vista.

Pois bem, nos últimos anos, a disseminação dessas "brincadeirinhas" entre crianças e adolescentes vem assumindo proporções assustadoras. Quem já não leu uma reportagem sobre *bullying*? São casos de molestamento repetido, que podem implicar de apelidos preconceituosos, exclusão de atividades sociais e fofocas maliciosas a extorsões diárias – como ter de ceder a merenda ao colega para não ser agredido.

Grande parte dos casos de *bullying* acontece no interior das escolas, mais particularmente dentro das salas de aula[1]. O *bullying* diferencia-se da agressão comum e ocasional por se caracterizar como uma agressão que é repetida por um período prolongado e contra a mesma vítima. Em geral, existe um desequilíbrio de poder – o agressor é maior, mais forte ou mais velho, ou cerca-se de amigos para intimidar sua vítima.

O *bullying* costuma ocorrer sem motivações evidentes. Pode se manifestar de forma direta ou indireta. Na forma direta, crianças ou jovens agridem fisicamente batendo, chutando, tomando pertences; as formas indiretas incluem usar apelidos pejorativos e discriminatórios, insultos, constrangimentos, disseminação de rumores desagradáveis e desqualificantes (fofocas), com o objetivo

---

1. Ver, por exemplo, Góis, Mena e Werneck, 2003.

de excluir a vítima de seu grupo social. Hoje em dia, o *bullying* tem sido praticado até mesmo por meio do celular e da internet.

Pesquisas[2] a respeito do assunto realizadas no Brasil indicam que o *bullying* ocorre em 100% das nossas escolas, sejam elas rurais ou urbanas, públicas ou particulares. Na maioria das vezes, professores e outros profissionais não percebem a agitação ou não se encontram no local quando a agressão acontece; além disso, essa violência costuma ser confundida com "brincadeiras próprias da idade". Quando o fenômeno alcança proporções intoleráveis, as ações punitivas praticadas nas escolas, como a suspensão e outras formas de controle do comportamento, têm – quando têm – efeito apenas momentâneo. Em geral essas ações efetivamente inibem o comportamento da criança ou do jovem naquele momento, em certas situações, diante de determinadas pessoas; mas, sempre que essa criança ou esse jovem for motivado de uma maneira ou de outra, repetirá o ato que foi passível de reprovação. Ou seja, a punição controla, não educa.

O *bullying* é apenas parte do cenário de deterioração dos relacionamentos nas escolas. Recentemente, a *Folha de S.Paulo* publicou dados de entrevistas em escolas estaduais de São Paulo indicando "[...] que 88% dos docentes e dos funcionários foram desacatados e que 85% dos alunos se envolveram em brigas"[3]. As dificuldades começam cedo. Incidentes de agressão são comuns no primeiro ciclo do ensino fundamental. Já no segundo ano podemos observar uma elevada incidência de provocações, agressões físicas e agressões verbais (Borges e Marturano, 2009). A exposição recorrente a essa espécie de confronto tem sido apontada como prejudicial ao progresso escolar e ao desenvolvimento socioemocional das crianças.

Esse é o problema.

---

2. Góis, Mena e Werneck, 2003.
3. Ver Saniele, 2008.

Dificuldades de convivência na escola sob a perspectiva das crianças

Refletindo sobre essa situação, muitas vezes nos preocupamos com a desproteção dos pequenos no ambiente escolar. Como lidam com as situações de confronto as crianças que estão iniciando o ensino fundamental?

Mencionamos anteriormente três formas de lidar com conflitos – a submissão, a asserção e a agressão. As crianças pequenas – e muitos adultos também! – não dispõem ainda de recursos cognitivos para uma abordagem assertiva, que implica negociar situações de conflito, defendendo seus direitos sem usar a força. Desse modo, as crianças menores utilizam frequentemente dois tipos de estratégia em situações de conflito com os companheiros: ação agressiva ou busca de apoio social. Muitos professores da educação infantil já observaram crianças bem pequenas, a partir de 2 anos, tentando resolver suas diferenças pedindo ajuda ao adulto ou usando alguma forma de ação direta, como empurrar, bater ou tomar o brinquedo do outro.

Nossas observações sobre alunos do segundo ano indicam que eles recorrem a essas estratégias simples para resolver problemas. No entanto, nem sempre a criança consegue, no pátio da escola, encontrar um adulto disponível para ajudá-la a enfrentar uma provocação, gozação ou agressão. Sem apoio do adulto, resta a muitas crianças, por falta de repertório, a ação agressiva ou a busca de apoio de outros colegas, que acabam por mobilizar o mesmo tipo de estratégia. Porém, atitudes agressivas expõem a criança a repreensões e sanções disciplinares por parte dos adultos e também podem contribuir para a escalada dos conflitos. Ou seja, as crianças ficam, muitas vezes, em um "beco sem saída". Como diz o ditado popular: "Se correr o bicho pega, se ficar o bicho come".

Como ficam as crianças nessas situações? Constatamos que elas se sentem muito ansiosas.

Fala-se do estresse da vida moderna. Nós, adultos, nos irritamos com o trânsito, com o chefe exigente, com a indisciplina dos alunos na sala de aula. As crianças se estressam com as brigas dos pais, com as gozações dos colegas, com as cobranças da escola... Sabemos hoje que a escola é vista por elas como uma das principais fontes de tensão cotidiana.

Entrevistamos alunos do segundo ano do ensino fundamental sobre tensões cotidianas na escola – acontecimentos como perder objetos, levar bronca de um adulto, não conseguir acabar a lição. Entre as situações comuns do dia a dia (aquelas que aconteceram com mais de 20% dos nossos entrevistados), as crianças disseram que o que mais as aborrece, perturba e incomoda são as situações de conflito: ser alvo da chacota dos alunos mais velhos, receber provocações dos colegas de classe, apanhar, envolver-se em brigas (Marturano e Gardinal, 2008).

Na perspectiva das crianças entrevistadas, a escola se mostra um lugar pouco seguro, onde elas frequentemente se machucam, brigam, presenciam agressões verbais por parte dos adultos e são, elas mesmas, alvo de agressões. Tais vivências não parecem ser inócuas para a saúde emocional das crianças. Estudo recente, feito também com alunos do segundo ano, mostrou que, quanto mais estressante a escola, maior a intensidade dos sintomas de estresse relatados pela criança (Trivellato-Ferreira e Marturano, 2008).

Alguns alunos, desde o início de sua vida letiva, estão mais expostos a tensões cotidianas na escola. Crianças que o professor avalia como inconvenientes no relacionamento com os colegas – impulsivas, não cooperativas, desrespeitosas – são as que mais se envolvem em confusões. Pesquisas mostram que as crianças socialmente competentes estão menos expostas à rejeição e à vitimização pelos companheiros, enquanto as agressivas e as retraídas têm mais risco de se tornar alvo de maus-tratos (Buhs, Ladd e Herald, 2006; Garner e Lemerise, 2007; Marturano e Gardinal, 2008).

Esse é um cenário que nos remete ao processo de socialização da criança.

Por exemplo, uma criança que nos anos pré-escolares já começou a ser educada para compartilhar, para inibir a agressão e para controlar a impulsividade terá mais chances de ser bem-sucedida nos relacionamentos quando chegar a hora de ir para a escola. Já uma criança que se acostumou a se relacionar em casa de maneira coercitiva – fazendo birras, dando gritos ou cometendo agressões –, ao passar do meio familiar para o meio escolar, em geral continua a se relacionar assim com colegas, professores e outros profissionais que vão lidar com ela.

Outro tipo de criança que provavelmente terá problemas na escola é aquela que está acostumada a ignorar as ordens dos pais ou não tem rotinas a seguir em casa: toma banho quando quer, não tem horário para ir dormir... Nesse caso, a dificuldade está em se adaptar às regras da escola e da sala de aula, onde o número de crianças e o plano de aula a ser cumprido exigem disciplina.

Assim, se a criança, ao lidar com as demandas da sala de aula, conseguir se relacionar de maneira adequada, a tendência é que ela se adapte ao novo meio de convivência, fazendo novas amizades, sendo aceita e cumprindo a importante tarefa de se apropriar do código da língua escrita. Se, por outro lado, a criança tiver um padrão coercitivo de relacionamento, do tipo "eu exijo e os outros cumprem", ou muito retraído, apresentando dificuldade de se expressar e evitando aproximar-se dos demais, há risco de que ela não consiga se adaptar e tenha dificuldades no processo de ensino--aprendizagem.

Mas, se é assim, se cada aluno traz para a escola um modo de ser e de agir, que tende a reproduzir nesse ambiente novo; se, em função disso, os colegas e os professores reagem a esse aluno de modo compatível com o comportamento que ele exibe, estabelecendo um processo de retroalimentação, podemo-nos perguntar: é possível intervir nesse processo? É possível mudar os padrões interativos resultantes da história de socialização anterior ao ingresso na escola?

Tais questões pertencem ao campo aplicado das ciências do desenvolvimento humano. Vamos tratar desse assunto no próximo capítulo.

Nossa concepção de desenvolvimento humano

Desde que os cientistas começaram a se interessar pela mente das pessoas, diversas teorias surgiram para explicar como os seres humanos se desenvolvem. Mas, muito antes das teorias, nós, adultos, temos elaborado ao longo das eras nossas "teorias" de senso comum sobre a infância e seus caminhos em direção à vida adulta.

A construção de "teorias" para explicar os fatos da vida é um fenômeno generalizado na espécie humana. Essas "teorias" se apoiam em informações e crenças compartilhadas pelos membros de um grupo social, transmitidas por agências representativas da cultura do grupo – como a família, a escola e a mídia. As teorias populares são apropriadas e reconstruídas a cada geração, compondo sistemas explicativos coerentes sobre o mundo e sobre a vida.

Os próprios cientistas são influenciados pela cultura – ou pelas ideias correntes sobre um assunto – quando formulam suas teorias. Compare, por exemplo, as ideias de Piaget e Vygotsky sobre desenvolvimento e aprendizagem (Palangana, 2001) levando em conta o meio em que cada um viveu.

Você deve estar se perguntando, a esta altura, qual é o sentido dessa digressão. Pois bem: acontece que, no dia a dia, nossas ações, percepções e nossos julgamentos são governados por nossas convicções, crenças e expectativas a respeito das coisas. Por exemplo, você concordaria com o dito "Pau que nasce torto morre torto"? Esse dito expressa uma crença na predeterminação do desenvolvimento humano. Já "É de pequenino que se torce o pepino" expressa a convicção de que o ambiente pode influenciar o desenvolvimento, desde que se atue firmemente nos primeiros anos de vida. São visões que se opõem.

No papel de professor, vou lidar com meus alunos conforme a "teoria" de desenvolvimento que construí ao longo da vida. Você, leitor ou leitora, já se perguntou qual é a *sua* teoria de desenvolvimento? Com certeza ela tem ingredientes das modernas teorias científicas sobre o assunto. Quem viu essa matéria na faculdade se lembrará de ter escolhido sua predileta, ou de ter preferido algumas e rejeitado outras, ou, então, de ter adotado seletivamente alguns postulados de diferentes correntes. Ao fazermos essa seleção, estávamos assimilando os aspectos das teorias que mais combinavam com a nossa "teoria" implícita de como as pessoas se desenvolvem.

Neste capítulo, procuramos explicitar nossas escolhas, a concepção de desenvolvimento que esposamos para fundamentar nossa proposta de trabalho, apresentando também as bases científicas que apoiam essa concepção.

A criança, um participante ativo desde o começo

Hoje em dia, a ideia de que o ambiente afeta o desenvolvimento humano é amplamente aceita e já faz parte do senso comum. Entre profissionais da educação, frequentemente ouvimos dizer que essa ou aquela criança "não está se desenvolvendo bem" porque "vem de uma família desestruturada".

Entendemos o desenvolvimento humano na perspectiva da teoria bioecológica (Bronfenbrenner e Morris, 1998; Narvaz e Koller, 2004), que considera quatro aspectos inter-relacionados:

o processo, a pessoa, o contexto e o tempo. De acordo com Bronfenbrenner, autor da teoria, o desenvolvimento humano ocorre por meio de "processos de interação recíproca e cada vez mais complexa entre um organismo humano biopsicológico ativo, evolvente, e as pessoas, objetos e símbolos em seu ambiente externo imediato" (Bronfenbrenner e Morris, 1998, p. 994). Em outras palavras, o desenvolvimento de uma criança resulta de processos de construção conjunta, caracterizados por sua participação ativa em interações nos diversos ambientes nos quais ela vive sua experiência cotidiana – a família, a creche, a escola, o grupo de amigos...

Podemos exemplificar o conceito de coconstrução com a importante experiência do ingresso na escola: a criança traz de casa um repertório prévio para lidar com os desafios da nova experiência, e esse repertório se reconstrói dia a dia no novo contexto, mediante as interações entre as características da criança em desenvolvimento e as propriedades mutantes do ambiente escolar.

A criança tem participação ativa: as atitudes, as expectativas e os sentimentos derivados de sua história de interações influenciam a maneira como ela interpreta e organiza as experiências, as pistas e os estímulos ambientais. Além disso, seu modo de ser e de agir influencia as pessoas, que, por sua vez, formam impressões a seu respeito e passam a tratá-la de acordo com essas impressões.

Vejamos um exemplo da sala de aula. Desde que entrou no primeiro ano, apesar de prestativa, Rose simplesmente ignora as ordens da professora; concorda com tudo, mas faz apenas o que quer. Em conversa com a professora, a mãe da criança comenta:

– Ah, ela é assim mesmo. A maioria das vezes eu acabo desistindo porque ela teima que é uma coisa!

No exemplo, vemos que o padrão de interação que a criança tem vivenciado com sua principal cuidadora é o que ela repete com a professora: mostra-se agradável, prestativa, mas não segue as regras. Em casa, ao longo do tempo, mãe e filha estabeleceram uAm padrão de interações em que a criança acaba conseguindo que a mãe desista de obrigá-la a fazer o que ela não quer. Na escola, Rose interpreta a sala de aula segundo sua vivência doméstica. A professora, por sua vez, baseada em sua experiência com a criança, forma concepções, impressões a seu respeito e passa a tratá-la de acordo com elas: "Essa é uma garota teimosa!"

A participação ativa da criança nos processos de desenvolvimento se revela também nas escolhas que ela faz. Desde cedo, as crianças mostram diferenças individuais na seleção dos aspectos do ambiente com que preferem interagir. Educadores de creche já podem observar, entre crianças de 2 anos, que algumas estão sempre buscando envolver os coleguinhas nas suas brincadeiras, ao passo que outras se absorvem em alguma atividade com um brinquedo, sem prestar muita atenção aos demais; outras, ainda, preferem correr ao redor. Ou seja, dentro do mesmo contexto, cada criança escolhe aspectos diferentes para interagir.

Um conceito fundamental da teoria é o de processos proximais. Para ser efetivas, as interações em que a criança se envolve devem ocorrer com regularidade, ao longo de períodos extensos. Essas formas duradouras de interação são identificadas como processos proximais. Estes constituem, na abordagem ecológica, os mecanismos primários do desenvolvimento. No exemplo dado no parágrafo precedente, as três crianças estão gerando, para si próprias, oportunidades diferentes de interação; essas interações – seja com pessoas ou objetos –, ao se repetirem com regularidade ao longo do tempo, vão produzir efeitos de desenvolvimento muito diversos; isso é o que se chama de processos proximais.

Que ambiente é esse?

De acordo com a teoria bioecológica, a ação do ambiente pode ser visualizada como um conjunto de esferas concêntricas em torno do indivíduo[4], como representado na figura a seguir. A esfera mais próxima é a que tem um papel direto nos processos de desenvolvimento. As outras, mais externas, têm influência indireta, permeando as instâncias mais próximas.

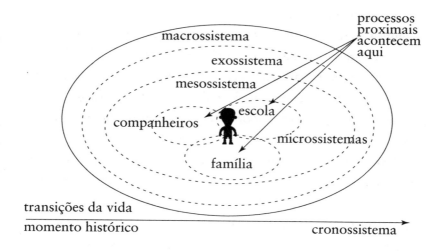

Figura 1. Representação do modelo bioecológico

Os contextos que Bronfenbrenner chamou de microssistemas são os ambientes em que a pessoa em desenvolvimento vive experiências pessoais diretas: família, escola, creche... É dentro dos microssistemas que os processos proximais operam para produzir e sustentar o desenvolvimento. O grau de estabilidade do microssistema tem impacto no desenvolvimento porque afeta os processos

---

4. Bronfenbrenner usou a metáfora das *matrioskas*, bonecas russas de tamanhos variados que se encaixam uma dentro da outra, para representar essas relações.

proximais. Um sistema instável, caótico ou excessivamente rígido prejudica os processos proximais do desenvolvimento; um sistema estável e ao mesmo tempo flexível os favorece.

Exemplo de sistema instável seria uma sala de aula em que há repetidas trocas de professor ao longo do ano: a cada troca, são interrompidos os processos de ensino-aprendizagem e de relacionamento em curso, dando lugar a um período de adaptação entre o novo professor e a turma. Sistema caótico é a sala de aula na qual o professor não consegue manter a ordem e os alunos "fazem bagunça" o tempo todo, prejudicando o engajamento das crianças nas atividades escolares. Já uma classe mantida sob disciplina excessiva e rotina ritualizada, repetindo-se todos os dias as mesmas atividades, é um exemplo de sistema rígido, que restringe a manifestação de disposições importantes para o aprendizado, como a curiosidade.

O mesossistema inclui as inter-relações e influências recíprocas entre dois ou mais ambientes dos quais a pessoa em desenvolvimento participa ativamente. Família e escola constituem, na vida das crianças, um importante mesossistema, em que as influências mútuas vão repercutir de diferentes maneiras no aprendizado escolar, na adaptação da criança à escola e até mesmo na sua relação com os pais. Exemplificando: uma criança preocupada porque o pai se acidentou não vai conseguir se concentrar na aula de matemática; outra que apanha dos colegas na escola pode apresentar em casa mudanças de comportamento, queixas psicossomáticas, problemas com o sono; um bilhete da nova professora informando que o aluno não está aprendendo ou se comportou mal pode desencadear conflitos entre os pais e a criança.

O exossistema inclui elementos que não envolvem a pessoa em desenvolvimento como participante ativo, mas nele ocorrem eventos que têm repercussão no microssistema. Por exemplo, se a mãe tem problemas no emprego, isso pode deixá-la estressada, menos disposta para conversar com os filhos, mais propensa a se irritar e a usar práticas coercitivas do tipo "Você vai fazer porque eu estou mandando". Na escola, situações da vida particular do professor também podem afetar seu humor, interferindo no seu relacionamento com os alunos: "Hoje eu não estou boa, tratem de ficar quietos".

O macrossistema é composto pelo padrão global de ideologias, crenças, valores, religiões, formas de governo, culturas e subculturas presentes no cotidiano das pessoas. Abarca o ambiente cultural mais amplo em que tanto o micro como o meso e o exossistema estão inseridos. Quando digo para o menino que "Homem não chora!", estou transmitindo a ele uma influência desse nível.

As influências dos diferentes níveis podem ser identificadas no exemplo que segue.

Exemplo

No recreio, como já havia acontecido outras vezes, Denis, irritado com o colega que, segundo ele, o provocou, reagiu dando um murro no nariz do menino, que gritava desesperado com o sangue que escorria.

Depois de trabalhar algum tempo com a criança a respeito de outras formas de reagir a uma provocação além da agressão, e notando a resistência de Denis em adotar padrões de comportamento não agressivos, a professora foi buscar informações que pudessem auxiliá-la a modificar esse padrão de comportamento. Uma das colegas de trabalho disse que era vizinha da criança e constantemente ouvia os gritos da mãe, da criança e do irmão no apartamento e comentou: "O que me disseram é que ela separou-se do marido, trabalha muito o dia inteiro e quando chega, ao ouvir as reclamações dos avós, que ficam com as crianças, impacienta-se e bate neles. Eu acredito que ela acha que eles vão ficar com medo e se comportar, ou então é raiva mesmo".

Em outra ocasião, ouviu da mãe da criança, que espontaneamente confirmou, chorando: "Eu trabalho muito, sou separada e os meninos dão muito trabalho pra minha mãe, que fica com eles, aí eu acabo perdendo a cabeça e batendo. Se a minha mãe não quiser mais ficar com eles, com quem eu vou deixar? O que eu vou fazer?"

Na vida de Denis, família e escola são microssistemas. A organização da vida familiar torna os relacionamentos no âmbito doméstico instáveis e tensos. Além da raiva por apanhar frequentemente, da apreensão por viver a maior parte do tempo em um local onde não tem segurança para se expressar sem medo de ser agredido, ele está incorporando o seguinte padrão de relacionamento: "Quando eu não estiver satisfeito com alguma coisa, bato".

As inter-relações entre a escola e a família constituem um mesossistema. Se cada vez que a criança agride alguém a professora continuar a chamar a mãe, esta pode se sentir pressionada; sem alternativas para agir, talvez comece a reclamar da professora a Denis, predispondo-o contra a docente e dificultando mais ainda as relações em sala de aula – e, consequentemente, seu aprendizado escolar. É o mesossistema, ou seja, as relações entre dois importantes microssistemas – família e escola – influenciando o desempenho acadêmico da criança. Isso sem falar na possibilidade de as reclamações da professora contribuírem para a escalada das interações coercitivas em casa: a professora reclama, a mãe bate.

Se, ao contrário, a professora opta por desenvolver na criança sua capacidade de se autocontrolar, sensibilizando-a para a dor das pessoas que são agredidas por ela e ajudando-a a buscar soluções alternativas, de maneira coerente, ao longo do ano – ou seja, mantendo interações com características de processos proximais –, é possível que a criança modifique seu comportamento na escola e consiga interagir com o meio de outro modo, mudando o curso de seu desenvolvimento e direcionando-o para uma trajetória mais saudável. De acordo com a abordagem bioecológica, essa mudança é possível porque as interações em que a criança se envolve com regularidade ao longo de períodos extensos é que vão fazer diferença no seu desenvolvimento.

No exemplo dado, o trabalho da mãe pode ser entendido como parte do exossistema em relação a Denis, na medida em que ela precisa trabalhar muito para garantir o sustento da família e os recursos que recebe são insuficientes para se organizar de maneira diferente, estressando-se muito a cada dia. Ou seja, as condições de trabalho da mãe influenciam indiretamente o desenvolvimento de Denis.

Os exemplos citados devem ter deixado claro que todas as influências ambientais operam no nível dos processos proximais. É nas interações do dia a dia que se realiza a prodigiosa conquista do desenvolvimento.

Sintetizando, podemos dizer que essa conquista se dá por meio de uma

> acomodação progressiva, mútua, entre um ser humano ativo, em desenvolvimento, e as propriedades mutantes dos ambientes imediatos em que a pessoa em desenvolvimento vive, conforme esse processo é afetado pelas relações entre esses ambientes e pelos contextos mais amplos em que os ambientes estão inseridos. (Bronfenbrenner, 1996, p. 18)

Há um interjogo contínuo entre influências internas e externas, passadas e presentes, modelando o desenvolvimento individual.

Da parte da pessoa em desenvolvimento, a expressão "acomodação progressiva" pode ser entendida como um processo de elaboração interna da experiência, de tal modo que estruturas mais antigas se combinam para formar novas estruturas, em níveis de funcionamento cada vez mais diferenciados e complexos.

Isso é o que diz a teoria. Mas a visão bioecológica tem alguma base empírica? Em que fatos ela se sustenta?

O cérebro ecológico: a importância da primeira década

Um apoio importante à teoria vem de estudos das neurociências. No final do século XX, muitas descobertas foram feitas a respeito de como nosso cérebro funciona e como ele se desenvolve. Por meio de técnicas avançadas – como a captação de imagens do cérebro de crianças em diferentes idades –, os neurocientistas ampliaram muito nosso conhecimento sobre a influência do ambiente no desenvolvimento cerebral. Eles verificaram que o cérebro em desenvolvimento é dotado de notável plasticidade, o que o torna particularmente sensível à ação do ambiente, sobretudo na primeira década da vida.

Rima Shore faz um resumo bastante acessível sobre o desenvolvimento do cérebro humano (Shore, 2000). Começa recapitulando o que já sabemos – que o funcionamento cerebral depende da passagem rápida e eficiente de sinais de uma parte do cérebro a outra, como se fosse um sistema de circuitos elétricos. Os responsáveis pelo funcionamento dessa rede são as células cerebrais (neurônios) e as conexões entre elas. Tais conexões, chamadas sinapses, são fundamentais para o desenvolvimento e a aprendizagem, pois é por meio delas que os sinais são transmitidos no sistema nervoso.

O cérebro do recém-nascido humano é programado biologicamente para formar e desfazer sinapses em função da lei do uso; a formação de sinapses acontece durante toda a vida, mas se concentra nos primeiros anos e depende da experiência. Pense, por exemplo, em uma criança pequena brincando de esconde-esconde. Em questão de segundos, milhares de neurônios em seu cérebro reagem. Certos neurônios são ativados por essa experiência particular. Conexões já existentes entre neurônios são fortalecidas. Ao mesmo tempo, novas conexões são formadas, adensando a rede.

Assim, pode-se dizer que as conexões entre os neurônios se formam à medida que a criança se envolve naquelas "interações com pessoas, objetos e símbolos em seu ambiente externo imediato" da definição de Bronfenbrenner. Em outras palavras, tais interações causam mudanças físicas no cérebro, afetando o modo como a rede sináptica se forma. Por isso já se disse que o cérebro humano é um "cérebro ecológico" (Shore, 2000).

Mas a história do desenvolvimento do nosso cérebro não para por aí. A partir da segunda década da vida, tem início um processo de poda de sinapses. Esse processo vale para todas as pessoas e é tão pronunciado que, pelos cálculos dos cientistas, um adulto tem a metade do número de sinapses que tinha aos 3 anos de idade!

A poda obedece ao critério do uso: se uma criança brinca de esconde-esconde muitas vezes, as sinapses que compõem o circuito neural correspondente a essa experiência são reforçadas pela experiência repetida e tendem a se tornar permanentes; caso contrário, à medida que se acelera a poda durante a adolescência, tais sinapses não ativadas são eliminadas para aumentar a eficiência do sistema.

O que significa, para o cérebro, "muitas vezes"? Shore explica que, quando certo tipo de estímulo ativa um circuito neural, todas as sinapses daquele circuito recebem e guardam um sinal químico. A ativação repetida aumenta a força desse sinal. Quando este alcança determinado limiar, que varia entre as diferentes áreas do cérebro, a sinapse fica livre da eliminação e continua protegida até a idade adulta. Podemos retomar aqui a noção de processos proximais da teoria bioecológica: interações que "ocorrem com regularidade, ao longo de períodos extensos", são condições ideais para proteger o cérebro contra a eliminação das conexões entre os neurônios.

É importante lembrar que os processos de construção da rede sináptica vigoram para o bem e para o mal – tanto as experiências positivas como as negativas dos primeiros anos vão influenciar o modo como o cérebro adulto se organiza. Felizmente, esses mesmos processos fazem que o cérebro humano tenha uma notável plasticidade durante a primeira década da vida, ou seja, uma enorme capacidade de mudança, até mesmo de recuperação de funções que foram prejudicadas por lesões ou doenças.

Os caminhos do desenvolvimento e o dia a dia da sala de aula

Neste ponto, podemos refletir sobre as implicações práticas de tudo isso.

Tomemos um exemplo corriqueiro. Uma criança pode tender a ser mais irritável, mas se essa tendência à irritação vai ser reforçada ou amenizada depende em grande parte de como a criança será educada e das pressões do meio em que ela vive. Todas as pessoas que convivem com a criança, especialmente as que são consideradas "cuidadoras" – pais, avós, professores, babás, inspetores de alunos, entre outros –, influenciam seu desenvolvimento.

Essa visão contrasta com aquela concepção de desenvolvimento, baseada no senso comum, como um processo determinado biologicamente, ou seja, a criança é assim e não há o que fazer. Descarta também a ideia de que, se a criança não está se "desenvolvendo bem", nós, profissionais da educação, estamos isentos da responsabilidade, já que "isso é obrigação da família". Afinal, se na sala de aula eu convivo com uma criança várias horas por dia, cinco dias por semana, minha influência sobre ela vai além dos limites do ensino de conteúdos. Na realidade, estou compartilhando com a família dela a condição de ambiente de desenvolvimento. No curso do desenvolvimento de uma criança em direção à vida adulta, cada ano pode ser metaforicamente comparado a um trecho de caminho, pequeno porém fundamental para definir rumos. Na escola, durante um ano inteiro o professor compartilha o trilhar de seus alunos, detendo a oportunidade – e a responsabilidade – de influenciar esse direcionamento.

Desse modo, somos levados a concluir que, como professores de educação infantil ou de ensino fundamental, somos corresponsáveis pela educação integral dos alunos, incluindo a educação para a convivência.

Desenvolvimento humano de ponta a ponta

Neste capítulo, focalizamos desde o início o desenvolvimento da criança, porque ela é o foco da nossa atenção. No entanto, é preciso ressaltar que os princípios de desenvolvimento operam durante toda a vida. Obviamente, o cérebro adulto não tem a mesma plasticidade do cérebro infantil, mas continua capaz de formar e manter novos circuitos, o que significa que, ao longo da vida, podemos ampliar nossa capacidade de aprender, expandir nossas habilidades, mudar.

É graças a essa real possibilidade de mudança que o professor empenhado na sua tarefa de educador constrói suas competências docentes muito além daquilo que trouxe de sua formação. Para muitos de nós, a sala de aula tem sido um local de descobertas, onde não só ensinamos, mas também aprendemos com os alunos.

Capítulo 3
FUNDAMENTOS DO PROGRAMA

Primeiro dia de aula. Na classe do segundo ano, dois colegas se estranham. Quando a professora chega, a confusão já está armada. Algumas crianças acusam: o "grandão" empurrou o outro! A professora aparta. No recreio, outra confusão; dessa vez, o "grandão" deu um soco em outra criança. No dia seguinte, a professora comenta com os colegas, durante o intervalo: "Tem um aluno muito agressivo na minha classe".

Esse é um exemplo corriqueiro. O menino ganhou um apelido; a professora, a preocupação de como controlar a agressividade dele.

Suponhamos que a professora pusesse de lado a primeira impressão e buscasse mais informações sobre os dois episódios. É possível que ela descobrisse que o aluno foi provocado várias vezes com apelidos do tipo "baleia", antes da primeira reação agressiva, e que a gozação continuou no recreio, desencadeando nova agressão. É certo que tais observações não justificam o modo como o aluno reagiu; não podemos sair por aí batendo em todos aqueles que nos provocam. No entanto, já ajudariam a professora a fazer um julgamento mais justo do que aconteceu e a monitorar as relações entre as crianças envolvidas, não apenas o aluno em questão.

A preocupação da professora é típica. É assim que nós, adultos, lidamos com o comportamento das crianças: como se fosse a expressão de um traço de personalidade. Pense nas frases que costumamos usar ao nos referirmos aos nossos alunos e às crianças em geral: "Como essa menina é boazinha!"; "Aquele ali é um pestinha!"; "Meu filho tem gênio forte, puxou o pai".

O que essas falas têm em comum? A crença de que aquela criança "é assim" e não vai mudar. Daí a preocupação da professora em controlar a agressividade do aluno em vez de procurar entender o que aconteceu para que ele se envolvesse em duas confusões já no primeiro dia.

Como vimos no Capítulo 2, esse viés cognitivo do "tudo ou nada", de considerar que a criança "é desse ou daquele jeito" é uma distorção que não corresponde à realidade do desenvolvimento infantil. E a nossa tendência – compreensível e muito humana – de formar opinião sobre as pessoas com base em observações superficiais acaba atrapalhando nosso trabalho educativo; somos levados a esquecer que estamos lidando com seres em desenvolvimento, que são capazes de mudar seu jeito de enfrentar os problemas desde que tenham oportunidade para aprender.

O exemplo dado nos remete a um dos princípios que fundamentam o programa descrito neste livro: toda e qualquer dificuldade interpessoal acontece em um contexto de espaço e tempo, não podendo, portanto, ser avaliada unilateralmente, por mais que as aparências apontem alguém como o "vilão da história". Sendo fiel a esse princípio, o professor se propõe a começar cada dia de aula com a mesma disposição amistosa da véspera, procurando não permitir que um incidente desagradável passado venha a azedar sua relação com alguma criança. Novo dia, nova oportunidade.

Podemos extrair do exemplo outro princípio. Imagine que a professora se empenhe em tentar explicar por que o aluno reagiu agressivamente nas duas ocasiões em que foi provocado. Só que, em lugar de se contentar com uma explicação comum, do tipo "gênio forte" ou "família desestruturada", ela lembra que está diante de uma pessoa em desenvolvimento e se pergunta: "Como ele poderia reagir de outra forma que não batendo? Como reagiria outro dos meus alunos na mesma situação? Como *sabe* e *pode* reagir à provocação uma criança nessa fase de desenvolvimento?"

Vimos no Capítulo 1 que as crianças menores utilizam frequentemente dois tipos de estratégia em situações de conflito com os companheiros: ação agressiva ou busca de apoio social. Há também aqueles que choram desamparados, os que se isolam etc. Com suas perguntas, a professora se dá conta de que provavelmente alguns alunos chorariam, poucos buscariam apoio de um adulto naquele ambiente estranho, raros não se importariam e um bom número reagiria com agressão física, assim como o aluno do exemplo. E ela conclui, acertadamente, que quase sempre o "mau" comportamento de um aluno é apenas a expressão da sua imaturidade. Ele não sabe – ou não consegue – agir de outra maneira naquela situação.

Esse é outro princípio importante a ser lembrado: a criança não tem ainda a capacidade de um adulto de compreender as situações interpessoais em toda a sua complexidade; tem menos opções para lidar com os problemas; seus recursos cognitivos para selecionar estratégias apropriadas de enfrentamento são menos desenvolvidos; sua capacidade de controlar a raiva e outras emoções está em construção. Portanto, não podemos esperar dela comportamentos maduros, adultos.

É, então, essencial ter em mente que, em uma classe de segundo ano, as crianças não são capazes de apreender todos os aspectos relevantes de uma situação de conflito ou transgressão. É preciso entender que as crianças pequenas ainda não têm certas capacidades cognitivas, que se desenvolvem e podem ser ensinadas, necessárias para avaliar cada situação e adotar o comportamento adequado.

Muitas vezes as crianças não agem melhor porque ainda não são suficientemente maduras para compreender a situação no nível de complexidade exigido para uma ação correta. Mas elas podem e devem ser ensinadas.

O exemplo dado ilustra algumas das diretrizes seguidas na elaboração do programa apresentado neste livro: primeira, levar em conta que toda e qualquer dificuldade interpessoal tem tantas facetas quantas sejam as pessoas envolvidas, crianças ou adultos; segunda, tirar proveito da maleabilidade do comportamento infantil, sua fluidez nas trocas contínuas com o ambiente; terceira, considerar sempre a necessidade de trabalhar no nível de desenvolvimento em que a criança se encontra, sem esperar dela ações e atitudes que ainda não estão ao seu alcance.

Sendo a convivência o foco do trabalho, procuramos fundamentá-lo buscando respostas para três perguntas[5]: 1) Que recursos e disposições é preciso desenvolver para sermos capazes de contribuir para a construção de uma convivência respeitosa nos ambientes em que vivemos? 2) Qual o potencial de uma criança de 6-8 anos para desenvolver tais recursos e disposições? 3) Como o professor pode favorecer o desenvolvimento desse potencial no ambiente escolar?

---

5. A busca de respostas para essas perguntas foi guiada pela ideia, exposta no Capítulo 2, da criança como um construtor ativo do próprio desenvolvimento. Assim, La Taille, Kohlberg, Turiel e Piaget nos ajudaram a encontrar respostas, contribuindo com suas proposições teóricas e pesquisas sobre como as crianças constroem conceitos, disposições e capacidades relevantes para uma boa convivência em grupo. Em Vygotsky encontramos o apoio teórico para a ação do professor nos processos de coconstrução das habilidades e disposições desejadas. Os demais autores citados no capítulo não são teóricos do desenvolvimento. Eles contribuem emprestando ao texto um ou outro conceito específico, ou como fontes de evidência empírica para as respostas que procuramos.

Para construir a convivência

Quando usamos a expressão "convivência respeitosa", estamos falando de respeito mútuo. Respeito pressupõe a noção de justiça – dar a cada um o que lhe é devido. Como lembra La Taille (2000, p. 114), "o marco zero (ou mínimo denominador comum) do respeito é aquele derivado do reconhecimento do outro como possuindo direitos". A vida em comunidade é impossível sem justiça, que é a base da moralidade. Portanto, uma convivência respeitosa assenta-se na ação moral de cada indivíduo.

Mas como se constrói o "comportamento moral", ou seja, o comportamento em que o indivíduo se sente na obrigação, mesmo sem ser supervisionado, de seguir as regras, os princípios e os valores morais da sua sociedade que se relacionam ao bem-estar, aos direitos e ao tratamento justo das pessoas?

Pesquisas sobre o desenvolvimento do entendimento moral da criança indicam que essa construção começa cedo, já na primeira infância. Nucci (2000) observou que mesmo crianças de 3 anos de idade entendem que é errado bater e ferir alguém, ainda que não haja uma regra para isso, porque, "Quando alguém bate em você, isso dói e você começa a chorar". A moralidade de crianças pequenas, entretanto, não é ainda estruturada pela compreensão de justiça como reciprocidade.

Contribuindo para a nossa compreensão de como uma pessoa chega a legitimar (ou não) regras, princípios e valores morais, La Taille (2006) aborda a questão do ponto de vista da dimensão intelectual e da dimensão afetiva. A primeira, denominada por ele de "saber fazer moral", compreende os conhecimentos necessários à ação moral e a capacidade de refletir sobre dilemas morais, aplicando apropriadamente tais conhecimentos. Já a dimensão afetiva – o "querer fazer moral" – diz respeito a sentimentos e emoções que motivam a pessoa a agir moralmente.

Em comunidade, uma convivência baseada no respeito requer, por parte de todos os envolvidos, um saber compartilhado – a conscientização dos princípios e valores que governam o comportamento moral – e um querer coletivamente valorizado – a adesão voluntária a tais princípios.

O saber: dimensão intelectual-cognitiva

Chegamos ao ponto fundamental para o entendimento do professor sobre seu papel. É comum o docente, quando questionado a respeito do seu papel de educador, referir à imagem do "jardineiro que precisa semear e cuidar da plantinha para que ela dê frutos". A referência é ao fato de que o professor vai escrever em uma *tábula rasa*. Aqui está um grande engano! Como vimos no capítulo anterior, a noção de desenvolvimento que adotamos baseia-se no conceito de sistemas; quando a criança chega à escola, já se desenvolveu em um sistema familiar e possui, portanto, as ferramentas cognitivas e emocionais desenvolvidas nesse sistema. Ferramentas que podem reforçar ou atenuar o temperamento inato de cada criança. A movimentação, o desempenho que ela vai apresentar no "microssistema escola" dependerá, portanto, das ferramentas que ela trouxe consigo do "microssistema familiar." Por outro lado, não podemos nos esquecer de que também dependerá das ferramentas cognitivas e emocionais adquiridas pelo professor durante o seu desenvolvimento.

A noção clara de que nem todas as crianças recebem no microssistema familiar as mesmas ferramentas cognitivas e afetivas ajuda-nos a entender por que elas reagem de forma distinta de um conflito interpessoal, bem como facilita o entendimento daquilo que é possível fazer para ajudá-las a melhorar seus padrões de convivência.

Se a criança ingressa na escola trazendo ferramentas cognitivas e emocionais para lidar com outras pessoas, que ferramentas são essas e como podemos modificá-las, caso sejam inadequadas? Como podemos ajudá-la a adquirir outras?

Podemos definir o conceito de "cognição social" como a aplicação de processos ou de habilidades cognitivas a pessoas ou relacionamentos (Bee, 2003). Na solução de problemas interpessoais, inscrita na cognição social, para ser consideradas competentes as crianças precisam aprender a conhecer as intenções das pessoas e as regras especiais que se aplicam às interações sociais, como as regras de boa educação.

São consideradas habilidades cognitivas básicas ao desenvolvimento de um entendimento social cognitivo mais sofisticado, além do entendimento das regras sociais e morais, a percepção dos sentimentos dos outros, o desenvolvimento da empatia do comportamento pró-social (Bee, 2003).

Essa abordagem da dimensão cognitiva inclui, portanto, a consideração de regras, princípios e valores – em suma, os fundamentos que embasam nossas regras sociais e os comportamentos necessários para que elas sejam operacionalizadas. Por exemplo, quando estão em seus momentos de lazer e em casa, as crianças correm em boa parte do tempo. Em sala de aula, são proibidas de correr. A regra existe para preservar a integridade física das crianças, que correm o risco de se machucar se se movimentarem em um espaço tão pequeno, com tantos móveis, bem como das outras pessoas que ocupam o mesmo espaço; a possibilidade de haver uma "trombada" entre duas ou mais crianças em sala de aula, se elas decidirem correr, é grande. O entendimento dessas motivações é fundamental para que a criança consiga cumprir a regra de não correr em sala de aula quando não está sob supervisão do professor. O entendimento do "porquê" da regra seria uma "ferramenta cognitiva".

A distinção entre regras convencionais de boa educação e regras morais requer o desenvolvimento das compreensões moral e social. Pesquisas citadas por Nucci (2000) e Bee (2003) mostram indícios precoces de distinção entre moralidade e convenção social em crianças de 4 anos. Essas pesquisas indicam que crianças, adolescentes e adultos consideram erradas as violações da moralidade, tais como causar mal a outra pessoa, independentemente de haver ou não uma regra estabelecida, e generalizam tais julgamentos para membros de outras culturas ou grupos que podem não ter normas a respeito de tais ações. Por outro lado, convenções sociais – normas ou padrões de vestuário, conduta diante das pessoas etc. – são vistas como eficazes apenas dentro do contexto de uma norma social existente e só para membros participantes de determinado grupo.

Mas será que qualquer criança pode ser trabalhada com base nesses princípios? Como saber se ela já é capaz de raciocinar sobre os princípios de justiça que fundamentam as regras de convivência?

Para verificar se uma criança é capaz desse entendimento, temos de recorrer ao trabalho de Kohlberg e Turiel (La Taille, 2006). Quando uma criança raciocina a respeito de um dilema, faz considerações sobre a forma de as pessoas agirem e suas noções de justiça. Nesse processo, ela passa por níveis e estágios identificados por Kohlberg no desenvolvimento moral, que seriam:

Nível pré-convencional: a criança reage a regras culturais e rótulos de bom ou ruim, de certo e errado, interpreta-os com base nas consequências em ação (punição, recompensa, troca de favores) ou na força física de quem enuncia as regras e os rótulos. O nível pré--convencional é dividido nos seguintes estágios:

> ➤ Estágio 1 – Orientação para a punição e obediência. As consequências físicas da ação determinam seu caráter bom ou ruim, não se considera o sentido ou valor humano das con-

sequências, evita-se a punição e respeita-se incondicionalmente o poder.
➤ Estágio 2 – Orientação instrumental-relativista. Ação correta é aquela que satisfaz as próprias necessidades e ocasionalmente as necessidades dos outros; relações humanas são vistas como relações de troca em um mercado; elementos de justiça, reciprocidade, repartição igualitária estão presentes, mas são sempre interpretados de modo pragmático, ou seja, a criança segue regras quando é do seu interesse imediato. Ela é capaz de entrar em acordos do tipo: "Se você me ajudar, eu o ajudarei".

Nível convencional: aqui estaciona a maioria dos adultos. A manutenção das expectativas do grupo social é percebida como valiosa por si só, sem relação com consequências imediatas e óbvias. Essa é uma atitude de conformidade às expectativas pessoais e à ordem social, bem como de apoio, justificação e identificação com as pessoas envolvidas. Também compreende dois estágios:

➤ Estágio 3 – Concordância interpessoal ou orientação para ser o "bom menino". O bom comportamento é aquele que agrada ou ajuda os outros e tem sua aprovação. Há conformidade com imagens estereotipadas do comportamento da maioria ou considerado natural; julga-se o comportamento frequentemente pela intenção, ganha-se aprovação por ser "bonzinho".
➤ Estágio 4 – Orientação para a manutenção da sociedade. As pessoas se orientam por regras fixas, autoridades; o correto é cumprir as obrigações, respeitar as autoridades, manter a ordem social, pura e simplesmente pela ordem.

Nível pós-convencional: há um esforço para definir valores e princípios morais que tenham validade e aplicação, independentemente da autoridade que os adota e da própria identificação do indivíduo com determinado grupo social. São dois os estágios:

> Estágio 5 – Orientação para o contrato social. Define-se a ação correta com base em direitos individuais gerais e em padrões que tenham passado por exame crítico e obtido concordância de toda a sociedade (La Taille, 2006). Leis e regras devem ser preservadas para que se mantenha a ordem social, mas elas podem ser modificadas, pois se reconhece que há valores básicos absolutos, como a importância da vida, que devem ser preservados a todo custo, independentemente do que foi acordado em sociedade. Há uma consciência clara do relativismo de valores e opiniões pessoais. Em resumo, o resultado é a ênfase no "ponto de vista legal", mas com destaque para a possibilidade de modificar a lei em razão de considerações racionais de utilidade social. Fora do domínio legal, concordância livre e contrato são fundamentos da obrigação.

> Estágio 6 – Orientação para o princípio ético universal. O certo é definido segundo princípios éticos escolhidos pelo sujeito que recorrem à compreensão lógica, à universalidade e à consciência. Esses princípios são abstratos, não regras morais concretas. São princípios universais de justiça, de reciprocidade e igualdade de direitos e de respeito pela dignidade de seres humanos como indivíduos. Estão acima do que foi acordado em sociedade.

Com referência aos estágios de Kohlberg, considera-se que a maioria das crianças do segundo ano se encontra no nível pré-convencional, no qual já estão presentes as noções de justiça, repartição igualitária e reciprocidade, embora elas sejam interpretadas com uma visão ainda muito autocentrada: as crianças seguem as regras quando é do seu interesse imediato.

Outro estudioso da moralidade infantil, Turiel, percebeu em suas pesquisas que a competência intelectual para identificar elementos morais relacionados à justiça é extremamente precoce, podendo ser encontrada em crianças de 6 anos. Turiel fala em domínios: a) pessoal – as decisões dependem apenas do livre-arbítrio; b) convencional – referente às condutas consideradas obrigatórias em razão das convenções sociais; c) moral – relativo às regras de conduta baseadas no princípio da justiça.

Segundo Turiel, crianças pequenas fazem distinção entre os três domínios, sabendo diferenciar obrigações consideradas morais das demais, a despeito do que pensam os adultos. Piaget, quando se refere ao comportamento moral, afirma que crianças pequenas se referenciam, para agir, apenas na figura de autoridade. A teoria de Turiel, porém, contraria Piaget nesse aspecto. Segundo Kohlberg e Turiel, é perfeitamente possível discutir questões de justiça com crianças tão pequenas, estimulando o desenvolvimento de processos de cognição social em direção aos limites do desenvolvimento potencial de cada uma.

Na visão de Piaget, existem dois tipos básicos de relação: a coação e a cooperação. Quando ingressam no segundo ano, as crianças se encontram provavelmente em transição entre o estágio piagetiano denominado pré-operacional e o estágio das operações concretas, em que, por intermédio das trocas do indivíduo com o meio social e com os objetos, já se formam esquemas que possibilitam a reversibilidade e a descentração do pensamento, o que é fundamental nas relações de cooperação. Para que um indivíduo seja considerado efetivamente cooperativo, é preciso que ele seja capaz de se descentrar, se colocar no lugar do outro.

Estamos falando aqui de pessoas consideradas cooperativas e não de ações isoladas.

Em resumo, crianças que ingressam no ensino fundamental encontram-se em condições de adquirir e/ou completar as ferramentas cognitivas que vão instrumentalizá-las para se tornar socialmente competentes; já são capazes de descentrar o pensamento, o que é fundamental nas relações de cooperação, que, por sua vez, são essenciais no desenvolvimento do comportamento pró-social.

Obviamente, promover discussões acerca do conceito de justiça com crianças pequenas não teria o objetivo de estabelecer um repertório de condutas definitivo em uma idade tão precoce; nosso objetivo não é ditar à criança o que consideramos certo ou errado; ao contrário, visamos estimular o desenvolvimento dos processos de cognição social em direção aos limites do desenvolvimento potencial de cada criança, trabalhando na "zona de desenvolvimento proximal" (Vygotsky, 1991).

Ficam assim estabelecidas as bases do programa no que se refere ao "saber fazer moral". Mas a instrução a respeito de questões de justiça, considerando-se as regras, os princípios e os valores nelas embutidos, se capacita a criança a refletir sobre situações concretas em uma perspectiva moral, por si só não a predispõe para a ação correta. É preciso promover a motivação para um agir coerente com as noções de justiça, reciprocidade e cooperação que a criança já é capaz de desenvolver.

O querer fazer: dimensão afetiva

Inúmeras vezes ouvimos as pessoas dizerem (e nós mesmos já dissemos): "Esse menino é terrível e ele sabe muito bem o que está fazendo!" Vale lembrar que nem sempre existe coerência entre o que as pessoas fazem e o que dizem. A condição cognitiva, portanto, é necessária, mas não suficiente para que a pessoa possa agir de forma socialmente competente, para que ela seja movida pelo "sentimento de obrigatoriedade" diante de uma ação moral. Então, o que falta?

Nesta seção, apresentamos de forma resumida as reflexões de La Taille (2006) sobre a dimensão afetiva do agir moral. Recomendamos a leitura do texto completo para uma melhor compreensão do pensamento do autor.

Reconhecemos que não há estados afetivos sem elementos cognitivos nem há atividade intelectual sem afetos que a desencadeiem. Ou seja, as dimensões intelectuais e afetivas correspondem a dois domínios irredutíveis um ao outro, mas interrelacionados, de modo que o desenvolvimento de um depende do outro. Por exemplo, não basta tomar conhecimento das necessidades do outro, é preciso que esse conhecimento atinja os sentimentos e a pessoa se comova. Nesse caso, vamos abordar a questão dos sentimentos que desencadeiam a vontade de agir moralmente.

Segundo La Taille, a legitimação da ação moral é indispensável para que uma ação seja efetivamente considerada moral. Se uma pessoa faz algo não porque se obriga a fazer aquilo que considera correto e sim porque, de uma forma ou de outra, sente-se pressionada externamente a agir assim, ela não está sendo moral, e sim obediente, coagida, pressionada, constrangida ou qualquer outra denominação imaginada, menos moral.

Temo-nos preocupado em obter a obediência dos alunos sem nos preocuparmos se eles estão convencidos de que devem realmente realizar o que lhes está sendo solicitado. O bom aluno, em geral, é aquele que fica quietinho, faz todas as lições sem incomodar e obedece sem questionar. O perigo de educarmos dessa forma é exatamente este: a criança e futuramente o adulto só vão obedecer enquanto estiverem se sentindo pressionados e não porque acham que é correto.

La Taille (2006) argumenta que três virtudes ou valores são fundamentais para a legitimação do agir moral: a justiça, a generosidade e a honra. A justiça e a honra têm um valor inquestionável no agir moral, sendo a justiça com equidade considerada a virtude maior, sem a qual é impossível haver sociedade; a honra seria o ponto de chegada, ou seja, o momento em que a pessoa passa a agir de determinada maneira por uma questão de autorrespeito, porque busca representações de si mesma com valor positivo.

Nesses parâmetros, a virtude da generosidade também é considerada fundamental, embora por caminhos não tão óbvios. A generosidade está associada ao comportamento pró-social, entendido como aquele que é executado em benefício dos outros, sendo essencial para a vida dos indivíduos e do grupo (Radke-Yarrow, Zahn-Waxler e Chapman, 1983). Comportamentos e julgamentos pró-sociais têm papel vital dentro da comunidade, favorecendo ao indivíduo o desenvolvimento de um senso de pertencer, de participar de um grupo. Especificamente no caso da escola, as crianças deixam de pertencer exclusivamente ao grupo familiar, cujas regras de convivência já conhecem, para ingressar em uma comunidade com regras próprias e ainda desconhecidas. A aceitação como membros de um novo grupo social requer das crianças pequenas que aprendam a controlar a raiva diante de frustrações e a subordinar seus desejos pessoais ao bem do grupo quando a situação assim o exige (Cole e Cole, 2003).

Conceitualmente, a generosidade implica uma noção mais abrangente que a pró-sociabilidade. O comportamento pró-social restringe-se a um grupo e tem em sua fundamentação manter a coesão e facilitar a inserção em um grupo social; já a generosidade, "dar ao outro aquilo de que ele precisa, mas não é de direito" consiste na disposição para atender à necessidade de alguém, objetivando amenizar suas dificuldades, independentemente do grupo social a que essa pessoa pertença.

Voltemos à questão da atitude moral voluntária, associada ao sentimento de obrigatoriedade. A construção desse sentimento de obrigatoriedade quanto ao que deve ou não ser feito percorre um caminho que vai do respeito unilateral pela figura de autoridade ao autorrespeito. Em meio a esse caminho, pavimentando, sedimentando e consolidando o agir moral, estão os sentimentos que vão unir a criança às pessoas que fazem parte do seu convívio social (La Taille, 2006) e torná-la capaz de, por si mesma, contribuir para a construção de uma convivência respeitosa.

La Taille (2006, p. 108) define seis sentimentos que ele chama de "cimento afetivo que une as pessoas ao seu entorno social": amor e medo, confiança, empatia, indignação e culpa. Para melhor entender o papel que cada um deles desempenha na construção do comportamento moral, vamos olhar para cada um deles.

Amor e medo: as primeiras manifestações de obediência a regras são motivadas por sentimentos de medo e amor que a criança nutre pelas pessoas que as impõem. A criança pequena obedece por medo de ser punida, de perder o amor dos pais e consequentemente sua proteção, ou simplesmente por ser pequena e os adultos, grandes. Ela obedece também por amor, pelo vínculo afetivo que existe entre ela e os pais, fazendo que deseje agradá-los. Dessa mistura de amor e medo nasce o respeito unilateral pelas figuras significativas, levando à obediência. Porém, como aponta La Taille, o binômio amor/medo não explica por si só toda a dimensão afetiva dessa primeira manifestação do respeito moral. As crianças tendem a legitimar a desobediência quando as ordens dos pais são claramente injustas ou quando estes não cumprem suas promessas. Isso nos remete a outro sentimento importante para a obediência.

Confiança: tanto na tentativa de compreender as regras impostas quanto para confirmar a validade dessas regras para todos, a criança mostra-se atenta à coerência entre o que dizem e fazem os adultos significativos – aqueles em relação aos quais ela nutre sentimentos de amor e medo. Quando esses adultos não são coerentes, sua autoridade perante a criança se enfraquece, ela os vê como não confiáveis, o que interfere no desenvolvimento inicial da moralidade – o estágio da moralidade heterônoma.

A confiança contribui para o fortalecimento do vínculo, por dar à criança a certeza de que o cuidador ou a figura de referência a quem ela ama, respeita e pretende agradar é digna de confiança, é coerente com sua forma de agir e não reivindica a justiça apenas para si, mas para quantos necessitarem dela.

Empatia: capacidade de perceber os sentimentos dos outros e ser por eles afetado. Derivada de uma sensibilidade natural da criança aos estados afetivos alheios, é considerada precursora do comportamento altruísta, pró-social ou moral. O despertar de intenções pró-sociais frequentemente ocorre em consequência de sentimentos associados à compaixão, forma específica de empatia, entendida como a capacidade de sensibilizar-se pelo sofrimento de outrem. Sendo espontânea e atendendo às necessidades alheias antes que aos direitos alheios, a empatia ajuda a superar a heteronomia, pois motiva a ação moral independentemente de haver uma regra de justiça imposta pela autoridade.

Indignação: sentimento próximo da cólera, desencadeado pela constatação de que um direito foi desrespeitado. Pesquisas mostram que as crianças pequenas estão atentas à noção de direito, embora essa noção seja autorreferenciada. Essa noção é básica nas representações que a criança pequena tem de si mesma, ou seja, "Se sou considerado, sou um sujeito de valor". Do ponto de vista do desenvolvimento, a justiça autocentrada é finalmente superada quando a criança, aos poucos, passa a alternar entre empatia e egoísmo, percebendo que a certas necessidades dos outros correspondem certos direitos, e quando sua indignação for capaz de manifestar-se perante toda forma de injustiça, podendo ela mesma ser objeto de injustiça ou não.

Culpa: "Sentimento penoso decorrente da consciência de ter transgredido uma regra moral" (Doron e Parot, 2003, *apud* La Taille, 2006, p. 129). A possibilidade de sentir culpa permitirá que no futuro a criança regule sua ação moral e assuma responsabilidade perante os outros e perante si mesma. De acordo com La Taille, esse sentimento estaria originalmente ligado, por um lado, aos sentimentos de amor e medo, e, por outro, ao sentimento de empatia.

Como vimos, a fusão dos sentimentos de amor e medo em relação a um adulto faz dele uma figura de autoridade para a criança, originando o sentimento de obrigatoriedade; a culpa seria então determinada por essa obrigatoriedade, quando a criança transgride uma regra ditada pela figura de autoridade.

Em relação à empatia, a culpa estaria ligada à compaixão – capacidade de se sensibilizar diante do sofrimento de outra pessoa. Ao constatar que sua ação prejudicou alguém, a criança se compadece e ao mesmo tempo sente culpa por ter sido a autora desse prejuízo.

Vamos imaginar que a criança, quando cria vínculos afetivos com um cuidador, passa a sentir por ele o que chamamos antes de respeito unilateral, definido por La Taille como um misto de amor e medo. Essa pessoa convive com a criança e, portanto, lhe fornece as ferramentas cognitivas, ou seja, ensina as regras da boa convivência, essenciais para que a criança possa ser considerada socialmente competente. Se a pessoa adota o velho jargão popular "Faça o que eu digo, mas não faça o que eu faço", dificilmente a criança internalizará as regras, os conceitos morais, os valores que estão sendo propostos; talvez se comporte de acordo com o que for solicitado apenas por medo dessa figura de autoridade, ou quem sabe venha a se indignar pela falta de consideração por aquilo que, no seu julgamento, é justo. Faltou a confiança! Suponhamos, ao contrário, que o cuidador em questão ensina as regras e exemplifica, vivencia no seu dia a dia o que fala; a criança passará a se sentir respeitada, terá plena consciência de que as regras valem para todos e, no caso de desobedecer às normas morais ditadas por seu cuidador, sentirá culpa, ou seja, se sentirá mal por não ter correspondido às expectativas que esse cuidador querido e respeitado tinha em relação a ela. Se a transgressão da regra prejudicou ou feriu alguém, a criança também sentirá culpa pela compaixão que o sofrimento dessa pessoa desperta nela e procurará reparar seu ato.

Vemos, assim, que a criança que inicia o ensino fundamental já é capaz de sentir confiança, indignação, empatia e culpa, sentimentos constitutivos do autorrespeito, o que garante o querer fazer moral no adulto. Se a criança não conta com um cuidador em condições de ajudá-la a construir os sentimentos que funcionam como energética da ação moral, outras pessoas, na rede de apoio social da criança, poderão capazes de ajudá-la na construção dessas "ferramentas emocionais" necessárias ao agir moral. O programa de intervenção descrito neste livro procura capitalizar a posição privilegiada do professor como alguém que pode contribuir para essa construção, desde que tenha ele próprio construído o sentimento de obrigatoriedade, associado ao autorrespeito[6], que fundamenta a legitimação da ação moral.

---

6. É como se a pessoa dissesse para si própria: "Tenho convicção de que essa é a ação correta na situação que tenho diante de mim; se agir de outro modo, não serei coerente e por isso perderei valor aos meus olhos".

E agora, instruída sobre como se comportar para ser considerada socialmente competente e ligada afetivamente de maneira adequada a uma figura de seu entorno social que lhe inspira amor e respeito, essa criança já tem condições de agir como deve, de agir moralmente?

O poder fazer: autocontrole

Talvez! Se ela for capaz de articular os planos cognitivo e afetivo no desenvolvimento do autocontrole. A habilidade de agir de acordo com os padrões sociais e regular o próprio comportamento está entre as marcas de desenvolvimento da socialização durante os primeiros anos. Além de aprender o que devem ou não fazer, as crianças precisam adquirir a capacidade de agir segundo as expectativas de seus cuidadores, mesmo quando não estão sendo monitoradas. Essa habilidade recebe o nome de autocontrole.

A obediência às solicitações dos cuidadores é uma forma primária de autocontrole inicial porque requer da criança a capacidade de iniciar, cessar e modular o próprio comportamento de acordo com os padrões exigidos. Por exemplo, um menino por volta de 2 anos deixa de morder outra criança na creche porque a babá ficou muito brava com ele na última vez em que ele o fez. Agora, quando ele se irrita muito com outro bebê, olha para ela e, mesmo sentindo-se muito nervoso, não o agride.

Em geral, as pesquisas sobre o autocontrole mostram as maiores mudanças entre os 2 anos e meio e os 6 anos de idade, indicando que as crianças nessa faixa etária estão no que se chama de período sensível do desenvolvimento do autocontrole. O desenvolvimento do raciocínio instiga as crianças a entender e apreciar as regras sociais, fazendo emergir o desejo e a capacidade de agir de acordo com essas regras (Cole e Cole, 2003).

Com o avanço cognitivo, a criança já não é tão impulsiva como antes e se mostra mais capaz de integrar emoções e pensamento. Por volta do final da educação infantil, muitas já conseguem moderar suas emoções usando a memória de experiências passadas para antecipar possíveis resultados de novas experiências. É também nessa fase que boa parte delas se torna capaz de generalizar regras com base na experiência. E, de acordo com Vygotsky (1991), nesse período altera-se a dinâmica da relação entre fala e ação, com a internalização progressiva da fala, o que faculta à criança uma crescente capacidade de controlar suas atividades mentais e seu comportamento.

Dificuldades no autocontrole têm sido relacionadas a problemas sociais, bem como a dificuldades no gerenciamento das emoções e nos processos de atenção. São quatro os tipos de inibição que as crianças precisam dominar para ter autocontrole: inibição do movimento, das emoções, das conclusões e da escolha.

A inibição do movimento refere-se à capacidade da criança de parar o movimento, uma ação já iniciada. Por exemplo, quem gerencia uma classe sabe da dificuldade de continuar uma aula após a educação física ou um momento de grande excitação, como um acontecimento inesperado ou uma comemoração.

A inibição das emoções diz respeito ao domínio da intensidade destas. Vejamos um exemplo comum nas escolas, quando as crianças ou jovens se sentem provocados. Um aluno do primeiro ano entra correndo e rindo na sala e atrás dele vem um aluno de outra classe que procura a professora do primeiro ano e diz: "Professora, a senhora fala pra esse molequinho parar de me provocar porque eu não estou aguentando e, da próxima vez, vou bater nele! Eu vim avisar a senhora!" A criança está mantendo o controle sobre a própria raiva, mas sente que não vai conseguir por muito tempo, o que dá indícios de ser contra sua vontade.

A inibição das conclusões relaciona-se à capacidade de reagir a algo de maneira refletida. É o caso de um aluno que reclama com a professora: "Professora, o João disse que eu sou preto!" João se aproxima e, sem esperar nenhum questionamento, explica: "Não, professora, eu falei que ele é preto porque ele e eu somos da mesma cor". Fica implícito na fala dos alunos que o primeiro se sentiu ofendido porque ao ser chamado de "preto" concluiu, talvez precipitadamente, tratar-se de um insulto; o segundo aluno, quando se justificou, deixou claro que em sua fala não estava embutido nenhum elemento de preconceito, mas apenas uma intenção de comparação e identificação com o colega.

A inibição da escolha é a capacidade de rejeitar uma gratificação imediata em prol de um objetivo de longo prazo. Por exemplo, algumas crianças não conseguem se manter sentadas executando a lição porque a tentação de brincar com o colega ao lado é grande. O pai da criança, para colaborar, ameaça o filho em casa: "Se você não fizer as lições na classe, não vai ao clube no fim de semana". A criança, que ainda não consegue se controlar sozinha, passa a se manter mais concentrada porque quer muito ir ao clube e sabe que o pai vai cumprir a promessa. Ela deixa de brincar com o colega, objetivando o clube do fim de semana.

Entre as quatro modalidades de autocontrole, a inibição das emoções tem um papel proeminente na construção de uma convivência saudável. Muitos estudantes conhecem o comportamento esperado, porém, quando algo os afeta emocionalmente, são incapazes de perceber além do fato que causou a emoção (McGinnis e Goldstein, 1997). Essas considerações remetem ao conceito de estresse. Dizemos que uma pessoa está estressada quando a situação que ela está enfrentando supera, segundo sua avaliação, os recursos de enfrentamento de que dispõe, constituindo uma ameaça à sua saúde física e emocional.

Pesquisas indicam que o estresse na criança pode estar relacionado tanto a fatores internos quanto externos. O meio escolar é considerado uma fonte frequente de estresse na criança, estando associado a problemas de comportamento. No dia a dia, tanto a raiva num momento de conflito quanto os movimentos desordenados quando as crianças, por exemplo, voltam do recreio para a sala de aula têm alta probabilidade de atingir um nível estressante, ou seja, de fugir ao controle da criança, gerando grandes confusões com os cuidadores e com os colegas.

Entre os fatores considerados mais estressantes na escola estão os assuntos acadêmicos e o relacionamento com pares e professores. Para as crianças que estão ingressando no ensino fundamental, conflitos com colegas estão entre as principais fontes de estresse diário (Rende e Plomin, 1992; Marturano, Trivellato-Ferreira e Gardinal, 2009).

Os esforços comportamentais e cognitivos que as pessoas fazem diante de algo estressante com a intenção de gerenciar demandas internas e externas decorrentes da situação adversa são conhecidos como estratégias de enfrentamento (*coping*) (Lazarus e Folkman, 1984). Optamos por trabalhar o autocontrole na criança com estratégias específicas direcionadas prioritariamente ao domínio das emoções, sem esquecer o domínio do movimento, das conclusões e da escolha. Tendo adquirido um mínimo de autocontrole para regular as emoções negativas, a criança torna-se apta a efetivar soluções cognitivas eficazes em situações de conflito interpessoal. Em outras palavras, o autocontrole será o moderador que possibilitará à criança com dificuldade de dominar suas emoções utilizar o que aprendeu com o programa de intervenção em situações interpessoais problemáticas.

Em suma, o programa se fundamentou em considerações sobre o curso do desenvolvimento de três conjuntos de habilidades, a fim de ajustar os objetivos e as estratégias da intervenção ao nível de desenvolvimento das crianças: o saber fazer, em transição entre a moralidade baseada na autoridade do adulto e a compreensão do princípio da reciprocidade; o querer fazer, em que os sentimentos constitutivos do senso moral estão sendo modelados nas relações sociais com adultos significativos e outras crianças (amor e medo, confiança, empatia, culpa, indignação); o poder fazer, em que a criança já dispõe de estratégias de autocontrole para regular emoções fortes e desagradáveis, porém seu grau de competência depende em parte das práticas de socialização a que foi exposta até então.

Assim, a intervenção foi planejada com base em três componentes: um módulo de desenvolvimento de habilidades de solução de problemas interpessoais, visando à flexibilização cognitiva por meio da ampliação do repertório de soluções pró-sociais; um módulo de iniciação aos valores humanos, tendo por objetivo o fortalecimento da motivação pró-social; e, entremeado com as atividades diárias na sala de aula, um módulo de controle da raiva e da excitação, visando proporcionar às crianças estratégias de autorregulação de emoções negativas evocadas em situações de conflito. Nos próximos capítulos descreveremos os três componentes e ilustraremos sua aplicação.

O PROGRAMA DE INTERVENÇÃO

Ao nos voltarmos para o desenvolvimento interpessoal na escola, a nossa escolha não foi aleatória. Pesquisando a respeito do assunto, verifica-se que a promoção da competência interpessoal encontra-se profundamente ligada ao ajustamento social e à aprendizagem escolar. Ao lado de técnicas específicas para a manutenção da disciplina na escola, têm sido encontradas propostas de intervenção para o desenvolvimento socioemocional que trabalham em particular com componentes protetores dos problemas de agressividade, violência e distúrbios antissociais em geral. Entre essas propostas destacamos a empatia, a solução de problemas interpessoais e o controle da impulsividade e da raiva (Del Prette e Del Prette, 2003). No entanto, pouco tem sido proposto no que se refere à intervenção no ensino fundamental. Quanto à atuação no segundo ano, apenas uma proposta educacional foi identificada (Borges, 2002; Borges e Marturano, 2002).

Com base no que foi exposto, decidimos elaborar uma proposta de trabalho objetivando melhorar a convivência em sala de aula, apoiada em princípios de desenvolvimento, que abrangesse os aspectos explicitados anteriormente – cognitivo e afetivo – e optamos por incluir uma terceira dimensão – o autocontrole. Assim teríamos três áreas de atuação: a) a dimensão cognitiva – o "saber fazer"; b) a dimensão afetiva – o "querer fazer"; e c) a capacitação das crianças na utilização dessas duas dimensões – o autocontrole ou o "poder fazer".

Para a implementação do programa, acreditamos na efetividade do contágio de pares – a criança interage modificando o próprio comportamento em função do grupo e este, por sua vez, também se modifica em função da pessoa. O trabalho com o grupo é proposto com a meta de trazer cada criança do nível de desenvolvimento em que ela está para o desenvolvimento que é possível no momento, naquele contexto, com aquele grupo sociocultural.

Módulo de desenvolvimento de habilidades de solução de problemas interpessoais

Para que uma pessoa seja capaz de desenvolver um comportamento moral é preciso que ela tenha alguns conhecimentos específicos. Mas apenas ter esses conhecimentos não basta: é preciso saber aplicá-los. Para isso, é necessário que a pessoa perceba os elementos morais que estão em jogo, pondere e hierarquize. Por exemplo, quando uma criança aprende que as pessoas percebem as coisas de maneiras diferentes, tanto no que se refere a sentimentos quanto no que se refere a informações, ela passa a ser capaz de entender que a provocação é uma diversão para quem faz, mas pode constituir uma ofensa para quem recebe; assim, uma brincadeira deixa de ser simplesmente diversão para se tornar uma questão moral. Na base da ação moral estão noções de justiça e equanimidade, sensibilidade direcionada pela empatia e tomada de decisão.

As habilidades de solução de problemas interpessoais contribuem para o desenvolvimento de tais noções. Elas têm sido estudadas na perspectiva das habilidades sociais, entendidas como "[...] o conjunto dos desempenhos apresentados pelo indivíduo diante das demandas de uma situação interpessoal, considerando-se a situação em sentido amplo [...], que inclui variáveis da cultura [...]" (Del Prette e Del Prette, 1999, p. 47). Pesquisas na área de relacionamentos interpessoais têm demonstrado uma associação entre falhas de habilidades sociais e uma ampla variedade de problemas psicológicos, como depressão, problemas de comportamento e delinquência (Del Prette e Del Prette, 2003).

Há vários tipos de habilidade social. As habilidades de solução de problemas interpessoais (HSPI) correspondem à capacidade do indivíduo de solucionar conflitos entre pessoas de maneira cordata, sem agressividade, por meio de uma ativa antecipação cognitiva das prováveis consequências de diferentes possibilidades de solução.

A observação de crianças tidas como agressivas tem demonstrado que muitas delas se valem da ação agressiva para resolver problemas simplesmente por não saberem agir de outro modo, ou seja, não conseguem realizar ou realizam de maneira inadequada ações como gerar soluções alternativas para problemas interpessoais, identificar os meios para alcançar objetivos de natureza interpessoal ou avaliar as consequências de suas ações.

Em um trabalho anterior, considerada a relevância do ensino de habilidades como fator protetor para problemas de comportamento, estudamos a eficácia de um projeto de intervenção baseado exclusivamente no ensino de habilidades sociais: o programa EPRP, Eu posso resolver problemas (Shure, 2006). Ele tem sido aplicado amplamente em outras partes do mundo e foi escolhido pressupondo que, se a criança conhecesse os elementos que compõem o processo de resolução de problemas, estaria habilitada a solucionar conflitos interpessoais de forma mais moral e mais satisfatória para todas as pessoas envolvidas.

O trabalho, de acordo com o que foi encontrado em outras pesquisas, apresentou resultados mistos. Em relação ao comportamento, apenas os alunos que mais se envolviam em conflitos interpessoais reduziram significativamente a participação em tais conflitos – o que por si só já é um ganho substancial. Para o conjunto de alunos da sala de aula não houve importantes alterações no comportamento. Também se observou um "rebote" nos conflitos logo após as férias de julho. Por outro lado, verificamos que as crianças se tornaram mais capazes de pensar em soluções alternativas, tanto na quantidade quanto na qualidade das reações.

Os resultados obtidos com a intervenção EPRP, no sentido de ampliar a capacidade reflexiva das crianças, incentivaram-nos a continuar trabalhando com os processos de solução cognitiva de problemas interpessoais como parte de uma proposta mais ampla de intervenção na sala de aula. A seguir apresentamos uma breve descrição dos fundamentos e da estrutura do programa, que é detalhado mais adiante, no Capítulo 5. O leitor interessado em conhecer a íntegra do currículo pode consultar o manual do EPRP (Shure, 2006).

EPRP: fundamentos, estrutura e metas do programa

O EPRP foi construído sobre uma base teórica cognitiva desenvolvimental e tem como conceito-chave a noção de habilidades de solução de problemas interpessoais. Estas, sociocognitivas, são compreendidas em cinco classes: 1) pensamento meios-fins ou planejamento sequencial – habilidade de criar um plano para atingir uma meta estabelecida; 2) pensamento de soluções alternativas – habilidade do indivíduo de gerar diferentes soluções que podem ser aplicadas na resolução de um problema; 3) pensamento consequencial – habilidade do indivíduo de antecipar o que pode vir a acontecer, em consequência da efetivação de uma solução concebida para um problema; 4) consciência ou sensibilidade em relação ao próprio sentimento e ao sentimento dos outros; 5) pensamento causal – habilidade de entender o que precipitou um ato (Shure, 2006).

Sobre essa base teórica, o programa foi operacionalizado com três componentes. O primeiro é um currículo com 83 lições formais, administradas diariamente durante 15 a 20 minutos. O segundo é um conjunto de sugestões para incorporar os princípios do EPRP no cotidiano da sala de aula e no currículo regular. O terceiro é uma proposta de "Diálogo EPRP" (Shure, 2006).

Nas *lições formais*, interativas, são utilizados fantoches, desenhos, brincadeiras, discussões, desempenho de papéis, histórias e outros recursos. Essas lições estão organizadas em ordem crescente de complexidade, para permitir que a criança primeiro consolide as habilidades básicas de pré-requisito, para só então ser apresentada às habilidades mais complexas.

A *integração dos conceitos do EPRP no currículo e no dia a dia da sala de aula* visa à prática do pensamento reflexivo e à generalização dos conceitos aprendidos para situações da vida real. Os conceitos são aplicados também nas ocasiões em que os alunos relatam problemas e conflitos vividos ou presenciados no seu cotidiano fora da escola.

O *diálogo EPRP*, conduzido quando ocorrem conflitos na sala de aula, é um componente essencial para a generalização dos conceitos aprendidos nas lições formais. Trata-se de uma matriz de diálogo segundo as etapas de solução de problemas ensinadas no currículo que ajuda a treinar as habilidades, negociar os relacionamentos e lidar com as frustrações.

Em suma, o programa EPRP ensina às crianças não *o que* pensar, mas *como* pensar. Não diz à criança que ela tem de agir desta ou daquela maneira, mas leva-a a perceber quais os elementos envolvidos no conflito, como as pessoas estão se sentindo, e a buscar soluções que sejam aceitáveis para todas as partes envolvidas

– não em uma escolha aleatória, mas prevendo as consequências de suas ações. Parece muito para crianças que estão ingressando no ensino fundamental. Mas não é. Segundo pesquisas da autora, Myrna Shure, a partir dos 4 anos as crianças já se mostram capazes de seguir o programa.

O EPRP propõe o conhecimento das próprias emoções e dos processos mentais envolvidos na solução dos problemas interpessoais (como reagir de maneira adequada, saber esperar, identificar os antecedentes do conflito) para que a criança aprenda a agir de forma consciente, assim como propõe a aprendizagem ativa (a intervenção envolve tomar decisões diante de situações reais e imediatas), o acesso a estratégias de enfrentamento (usadas para lidar com situações estressantes) e a reorganização cognitiva (oportunidades para reavaliar maneiras já estabelecidas de pensar).

O EPRP ajuda a criança a avaliar e negociar seus problemas. Ela aprende que, utilizando as técnicas que são ensinadas, é mais bem-sucedida em obter o que quer, e, quando isso não for possível, ela estará mais preparada para lidar com as frustrações. Assim, parece óbvio que a criança vai aperfeiçoar o raciocínio e criar maneiras mais elaboradas de agir, dentro do repertório de condutas e valores que possui e foi elaborado no seu grupo social. Ou seja, o EPRP capacita a criança a mobilizar recursos disponibilizados pelo meio para solucionar conflitos mais eficazmente.

Com essa meta mantivemos o EPRP, considerando, porém, que o repertório adquirido no grupo social de origem pode não ser suficiente para o enfrentamento de situações interpessoais em outros contextos. Procuramos então meios de ampliar o repertório de valores e atitudes das crianças, oferecendo oportunidades para que elas mesmas avaliassem se determinada conduta é moralmente adequada ou não. Assim, desenvolvemos o módulo de iniciação aos valores humanos.

Módulo de discussão de valores humanos

Valores são metas transituacionais desejáveis, que variam em importância e servem de princípios norteadores na vida de uma pessoa (Hitlin, 2003). Os valores são emocionalmente carregados de ideias daquilo que se deseja. No adulto, estão relacionados à identidade pessoal. Dentre todos os aspectos referentes aos valores, nosso trabalho se concentrou em suas propriedades motivacionais, isto é, no modo como eles influenciam o comportamento.

Na tentativa de explicar essas propriedades motivacionais, alguns autores (Verplanken e Holland, 2002) recorrem aos conceitos de motivo implícito e motivo autoatribuído. Motivos implícitos são a base para o que se considera valores centrais, ou seja, aqueles que são acompanhados de fortes sentimentos. Os valores que se tornam centrais, os mais importantes para o indivíduo, são os que provavelmente foram reiterados no passado. Assim, quando percebemos que a situação é relevante aos valores centrais, nós nos motivamos cognitiva e emocionalmente para agir. Em geral, os motivos implícitos se referem às necessidades e disposições básicas das pessoas, não são conscientes e desenvolvem-se em fases precoces da vida, predizendo tendências de comportamento espontâneo. Assim, uma criança educada para reagir a qualquer agressão, a "não levar desaforos para casa", tende a valorizar a reação impulsiva e a avaliar os estímulos como agressivos em grande parte das situações, ou seja, diante dos estímulos, a criança reage de acordo com um padrão interno firmemente estabelecido, dificultando uma educação posterior para a não violência.

Já os motivos autoatribuídos são atitudes, motivos e valores explicitamente expressos quando o indivíduo é inquirido sobre eles. Predizem reações específicas imediatas para situações específicas ou escolhas de comportamento. Por exemplo, se eu me atribuo a característica de ser uma pessoa pacífica, diante de um conflito em que eu tenha a oportunidade de pensar e escolher como agir optarei por um atitude pacífica.

Um trabalho de intervenção com foco nos valores humanos exige uma tomada de posição, ou seja, pensar sobre o assunto e eleger valores, rever aquilo que realmente importa para nós, aceitar ou recusar, mas sempre questionar normas, estar disposto a adotar atitudes que possam ser desenvolvidas com a aprendizagem. Em resumo, não é possível trabalhar com valores humanos sem uma tomada de posição pessoal.

Como vimos, a necessidade de eleger uma hierarquia de valores implica refletir sobre as virtudes. Empregamos aqui a palavra "virtude" como sinônimo de qualidade das pessoas; trata-se então de um juízo de valor, de um julgamento feito sobre um indivíduo (La Taille, 2000). Considera-se que não é a presença ou ausência da reflexão sobre as virtudes que diferencia pessoas ou culturas, mas a forma de pensar sobre elas. Esse tema é universal e, segundo as pesquisas de La Taille, crianças pequenas têm opiniões a respeito do assunto, embora não consigam nomear as virtudes. Estas se constituem em um quadro de referências a partir do qual cada pessoa se entende como ser humano, pois possibilitam aos homens realizar uma leitura valorativa de si mesmos. Nós nos julgamos como seres humanos com base nas virtudes que nos atribuímos: "Sou corajosa", "Sou cautelosa", "Sou calma", entre outras. Assim, é essencial discutir as virtudes e principalmente os valores que são a elas atribuídos. Por exemplo, a calma é uma virtude valorizada? Se sim, em que contexto? Uma pessoa corajosa obtém sucesso em seus relacionamentos interpessoais?

Definido que discutir as virtudes ou os valores a elas atribuídos é vital na formação do agir moral, que virtudes são consideradas importantes a ponto de ser discutidas? A resposta é que, dependendo da interpretação que a elas se dê e do lugar a elas atribuídos na representação de si mesmas, elas podem se transformar em fatores complicadores ou facilitadores do agir moral. Por exemplo, uma pessoa que se julga corajosa atribui grande valor à virtude da coragem; no entanto, pode-se refletir que a coragem, quando associada à justiça social, é considerada uma virtude moral, mas se ela for associada à violência torna-se um fator complicador da convivência.

Portanto, qualquer tipo de valor pode e deve ser objeto de discussões porque, mesmo quando não são alvo das ações, os valores dirigem o comportamento das pessoas. Estas agem de acordo com aquilo que acreditam ser.

A utilização de histórias no módulo de discussão de valores humanos

A forma escolhida para discutir valores humanos com as crianças foi a narrativa de histórias infantis. Tradicionalmente as histórias têm sido utilizadas como meio de educação, sobretudo de crianças. Pesquisando a respeito do assunto, descobrimos que as histórias são utilizadas para facilitar mudanças terapêuticas por meio de modelos – alertando as crianças sobre formas alternativas de agir, expandindo suas representações de si e dos outros e abrindo os canais de comunicação. Em resumo, lançado o tema, fica fácil discutir e ampliar conceitos. Entre as vantagens das narrativas sobre documentos técnicos, está seu potencial para engajar os sujeitos emocionalmente em histórias similares a vivências na vida real, ligando, em uma sequência clara, lugares, tempos e objetivos dos personagens.

À parte a questão da motivação, no que se refere à cognição, isto é, ao raciocínio, a estrutura de histórias é válida para organizar as ações humanas. Organizar diferentes situações que envolvem conflitos emocionais em uma sequência clara, permitindo a exploração de pensamentos e sentimentos dos personagens de diferentes pontos de vista, pode ser fundamental para promover mudanças de comportamento. Na discussão de histórias, a criança sente-se à vontade para colocar suas ideias e crenças sem se sentir exposta, possibilitando ao professor trabalhar na desconstrução de esquemas preestabelecidos. Por exemplo, a criança agressiva interpreta fatos neutros como hostis; com essa interpretação, ela gera muitas ações de retaliação, esperando, por sua vez, uma reação agressiva. Assim, o esquema original de agressividade tende a se consolidar. A discussão de histórias constitui uma tentativa importante de entender como as informações são processadas à luz de crenças preexistentes e, muitas vezes invalidando tais crenças, permite desconstruir essas ideias preconcebidas. No exemplo dado anteriormente, em uma história, a criança pode entender que nem sempre as pessoas têm intenções agressivas como se imagina e que as soluções podem ser gerenciadas de maneira alternativa à agressividade.

Quando recebemos uma informação, nós a processamos, ou seja, raciocinamos, assimilamos e formamos conceitos, esquemas – tanto racional quanto emocionalmente – com base nessas vivências. Essas duas formas de processamento da informação estão interligadas. Os esquemas, ou seja, os conceitos, as ideias que se organizam a partir das emoções, são fruto de uma sequência de experiências individuais, por isso só são aceitos por aqueles que tenham vivenciado experiências semelhantes. Já os esquemas racionais independem do conhecedor, podem ser ensinados e confirmados por qualquer pessoa. Por exemplo, em uma das aulas do EPRP ensinamos às crianças que, para elas saberem do que o colega gosta de brincar, têm de perguntar, porque nem todas as pessoas apreciam as mesmas coisas; essa é uma informação racional que ajuda a criança a se situar diante dos diferentes sentimentos dos colegas em relação a brincadeiras.

Ao utilizar um procedimento de intervenção que permita o entendimento, a sensibilização e a ação de crianças muito novas, que talvez ainda não tenham maturidade cognitiva e afetiva para entender bem um programa essencialmente cognitivo, racional, acredita-se que a possibilidade de reorganizar as crenças que governam os raciocínios diante da informação social é maior. Isto é, se pudermos sensibilizar as crianças, o entendimento das situações expostas pode ajudar a desmanchar preconceitos e tornar os pequenos acessíveis a outras formas de agir. Do ponto de vista afetivo, a discussão de histórias ajuda as crianças a verbalizar sentimentos e a desenvolver a empatia. A abordagem de discussão de histórias reflete, portanto, a combinação de princípios cognitivos, afetivos e comportamentais.

Módulo de autocontrole

Considera-se a habilidade de regular o próprio comportamento e de agir de acordo com os padrões sociais um sinal de desenvolvimento da socialização nos primeiros anos de vida. Nessa habilidade, conhecida como autocontrole, está a capacidade de inibir os próprios impulsos, ou seja, parar e pensar antes de agir.

Pesquisas com estudantes têm demonstrado que aqueles com maior autocontrole tendem a ser academicamente mais motivados e adquirem um aprendizado mais sólido. Além dos problemas sociais, portanto, problemas na aquisição de habilidades acadêmicas estão relacionados com dificuldades de autocontrole da atenção, do comportamento e das emoções.

Como já citamos anteriormente, dentre as quatro modalidades de autocontrole, a inibição das emoções tem papel proeminente na construção de uma convivência saudável. Isso fica claro quando pensamos na relação entre raiva e agressão. Na convivência diária, a raiva é uma emoção intensa e desagradável eliciada diante de situações percebidas como provocação, humilhação ou dano proposital. Tipicamente, a raiva predispõe o organismo a uma reação de ataque. Para ajudarmos uma criança a lidar com a raiva, precisamos reconhecer a importância do pensamento, seja na instigação da emoção (por exemplo, interpretando a ação do outro como provocação), seja na mediação entre o sentir raiva e o reagir agressivamente (por exemplo, refletindo sobre as possíveis consequências de uma ação agressiva).

O trinômio emoção-pensamento-ação está na base de programas de controle da raiva que sugerem, como elementos básicos, reconhecer pistas corporais da raiva, identificar seus desencadeadores externos e internos, fazer exercícios que reduzam a ativação fisiológica e gerar/praticar estratégias que inibam as reações agressivas ou impulsivas.

Na conceituação do módulo de autocontrole, comentou-se que existem muitos estudantes que conhecem o comportamento esperado mas, quando algo os afeta emocionalmente, ficam incapazes de perceber algo além do fato que causou a emoção. Essa situação remete ao conceito de estresse.

O estresse tem um componente situacional e um componente subjetivo; refere-se às situações que o indivíduo avalia como ameaçadoras, ou como sobrecarga que excede seus recursos. Diante do estresse, como vimos, os indivíduos mobilizam estratégias de enfrentamento, entendidas como um conjunto de esforços cognitivos e comportamentais para alterar as fontes de estresse e as emoções negativas associadas a fatores estressores (Lazarus e Folkman, 1984). Essas estratégias variam consideravelmente de uma pessoa para outra.

Entre as diversas formas de lidar com o estresse encontradas na literatura, priorizamos as estratégias cognitivas e comportamentais de regulação das emoções diante de um fator estressante (como respirar fundo antes de um exame), trabalhando nos quatro níveis de inibição que as crianças precisam dominar para ter autocontrole: as emoções, o movimento, as conclusões e a escolha. Foram trabalhadas estratégias de relaxamento no intuito de controlar reações fisiológicas a situações difíceis, reduzindo a ansiedade e outras reações à hiperestimulação.

O pressuposto é que a autorregulação das emoções negativas é pré-requisito, considerado um mediador para efetivar soluções cognitivas eficazes em situações concretas de conflitos interpessoais. Em outras palavras, supõe-se que a criança que hoje usa o EPRP apenas em situações controladas, nas quais não haja estresse, será capaz de generalizar os ganhos do programa para o comportamento se aprender a aplicar estratégias de autocontrole em situações interpessoais problemáticas.

Parte II

Conduzindo o programa na sala de aula

Parte II

Conduzindo o programa na sala de aula

PROMOVENDO O SABER: CURRÍCULO "EU POSSO RESOLVER PROBLEMAS"

O primeiro componente da intervenção, o programa EPRP – Eu posso resolver problemas – inclui três conjuntos distintos de atividades: lições formais, sugestões para incorporar os princípios do pensamento de solução de problemas interpessoais nas ocorrências das salas de aula e uma proposta de diálogo EPRP. Nesta seção, procuramos dar uma ideia de cada conjunto, podendo o leitor ter acesso ao material completo no manual do programa (Shure, 2006). Os exemplos inseridos no texto foram transcritos do diário de campo elaborado pela primeira autora, enquanto aplicava o programa em classes de segundo ano nas quais era a professora. O propósito é expor como as lições foram ministradas e se desenvolveram em sala de aula e também como é possível empregar as lições nas ocorrências diárias, facilitando a generalização das habilidades cognitivas para o comportamento.

Lições formais

Nas lições formais, sempre interativas, ou seja, exigindo a participação das crianças, são utilizados, por sugestão da autora, fantoches, desenhos, brincadeiras, discussões, desempenho de papéis, histórias e outros recursos originados da criatividade do professor. O objetivo é ajudar as crianças a integrar os conceitos aprendidos na vida pessoal (casos trazidos pelas crianças ou acontecimentos anteriores).

O currículo de lições formais está organizado em três partes:

1. habilidades prévias para solução de problemas;
2. habilidade de solução de problemas;
3. processo de solução cognitiva de problemas interpessoais.

A primeira parte – habilidades prévias para solução de problemas – compreende 47 lições por meio das quais as crianças aprendem o vocabulário mínimo para acompanhar o programa e reconhecer alguns sentimentos básicos. Nas primeiras 14 lições são ensinados conceitos elementares que a criança aprende na pré-escola (por exemplo, igual/diferente, em cima/embaixo etc.) e são empregados ao longo do programa.

Nas demais lições, a criança aprende acerca de sentimentos. O primeiro passo consiste em identificar e nomear os sentimentos de felicidade, tristeza, medo, raiva, orgulho, frustração, impaciência, preocupação, alívio e justiça. Em seguida, ela aprende a reconhecê-los em si mesma e nos outros. Por fim, é guiada a perceber que esses sentimentos podem mudar e as pessoas podem sentir-se de diferentes maneiras a respeito de um mesmo fato.

Nesse processo, são ensinadas habilidades fundamentais para a compreensão dos sentimentos, bem como sua aplicação na solução de problemas: saber ouvir, prestar atenção, identificar uma sequência, discriminar o melhor momento para uma ação, buscar informações antes de deduzir qual é o problema a ser resolvido. Nessa primeira parte, os conceitos são associados a situações familiares. Por exemplo, durante o lanche, a professora estimula as crianças a perceber que João gosta de goiabada e Maria, não. Posteriormente, as noções aprendidas serão associadas à solução de problemas propriamente dita.

Essa generalização dos conceitos na rotina diária é importante porque ajuda a criança a incorporar o raciocínio de solução de problemas à sua vivência e, ao mesmo tempo, prepara o professor para lidar com a solução de problemas como um processo corriqueiro, e não como um momento especial na educação da criança.

É interessante observar que o vocabulário utilizado no manejo do programa inclui palavras nem sempre familiares para crianças tão jovens, como *igual, diferente, talvez, justo*. É preciso, então, garantir a todas as crianças da turma o conhecimento prévio desse vocabulário, antes de iniciar o ensino propriamente dito das habilidades de solução de problemas. E, muito importante, é preciso também assegurar que elas compartilham o significado de cada palavra; portanto, estes devem ser ensinados. Por exemplo, antes de perguntar a uma criança se é justo o que ela está fazendo, é necessário que ela já tenha formado o conceito de justiça, que, por sua vez, exige uma noção dos conceitos de igualdade, equidade, regras como um sistema organizador, e assim por diante.

Exemplo[7]

Relembrei, escrevendo na lousa, os sentimentos aprendidos na última aula. Fizemos mímicas – caras tristes e felizes. Relembrei as três maneiras de saber como uma pessoa se sente: ouvir, olhar, perguntar. Iniciei uma dinâmica pedindo que perguntassem ao colega indicado por mim como ele se sentia. Fiz algumas mímicas mostrando que, às vezes, só pela postura das pessoas conseguimos perceber como elas estão se sentindo. Não consegui levar o diálo-

---

7. Nos exemplos, manteve-se o relato da professora na primeira pessoa, tal como consta em suas anotações. Os nomes são fictícios.

go adiante porque as crianças começavam a falar todas ao mesmo tempo, sem respeitar a regra, e se dispersavam, conversando com o colega ao lado.

No dia seguinte, sentindo necessidade de voltar ao assunto, conversei com as crianças a respeito das regras:

Eu – Alguma coisa nesta classe não vai bem. Nas outras classes em que eu dei aula, combinamos um sinal e, toda vez que eu dava esse sinal, as crianças ficavam quietas. Aqui nós também já combinamos um sinal, só que ninguém tem respeitado. Eu dou o sinal, peço que fiquem quietos e a maioria olha pra mim e continua conversando como se eu não tivesse pedido nada. Aí o que acontece? A professora começa a falar alto, fica brava, fica sem voz e vocês ficam com uma pessoa brava falando alto com vocês a manhã inteira. Isso é gostoso? Vocês ficam felizes com isso?

Crianças (em coro) – Não!

Eu – Nem eu! Eu me sinto triste e brava! Então vamos combinar, prestem atenção: quando eu pedir "Senta e presta atenção!", ninguém mais anda, não pede a borracha emprestada, não leva o caderno para o colega, não pede lápis para ninguém. A hora que eu pedir para sentarem e prestarem atenção é porque eu preciso que vocês me ouçam. Tem como ouvir, falar, andar, pegar coisas ao mesmo tempo? Ouvir pode até ser que vocês consigam, mas não conseguem prestar atenção, entender o que está sendo falado.

Aluno (me interrompendo) – Tem que conversar baixinho, né, tia?

Eu – Tá, tem que falar baixinho sempre, mas é aí que está dando confusão! Quando eu peço que vocês sentem e prestem atenção, não pode falar nem andar. O que vocês acham de combinarmos então outro sinal? Quando eu apagar a luz, vocês já sabem que têm de prestar atenção – "olhar, ouvir e ficar quietinho" – pra poder entender, porque eu tenho alguma coisa importante para dizer. Às vezes vocês acham que o que eu estou falando não é importante, mas é. Às vezes é uma coisa que parece bobinha, mas que se vocês não ouvirem não vão conseguir fazer a lição. Então está combinado, quando eu apagar a luz, vocês param o que estiverem fazendo, prestam atenção e depois continuam fazendo o que precisarem.

Muitas vezes, no início do ano letivo, principalmente nas lições de habilidades sociais, fica difícil manter um diálogo com a classe, sobretudo quando esta é numerosa, mas esse é um exercício importante. O exemplo alude a uma série de pontos que devem ser considerados. Quando se pratica uma intervenção com um roteiro predeterminado, surge uma série de problemas que podem atrapalhar a execução das atividades propostas, principalmente quando são atividades dinâmicas colocadas em execução na rotina diária.

O exercício do diálogo exige uma organização bem explicitada, em particular quando se trata de conversar com crianças tão jovens e muitas vezes criadas em condições que não favorecem essa prática; o exercício do diálogo exige, entre outras habilidades, um grande autocontrole, tanto por parte das crianças quanto por parte da professora, envolvendo concentração no assunto, respeito ao direito de todos se posicionarem, autocontrole do movimento corporal e do impulso de se expressar ou de atender a uma necessidade que eles consideram imediata, como apontar o lápis cuja ponta quebrou.

No exemplo anterior, a professora começou a lição, como sempre faz, da maneira orientada no manual ou previamente definida. Surgindo a dificuldade de manter a atenção das crianças durante o tempo programado, e dentro da capacidade de uma criança dessa idade, encerrou-se a atividade e partiu-se para uma avaliação de onde estavam as dificuldades para que estas fossem discutidas com as crianças.

Claramente, eles não estavam conseguindo cumprir com o "combinado da classe". A professora explicou o problema aos alunos do seu ponto de vista, ou seja, "está difícil manter o diálogo, falar e ser ouvida, porque as crianças não estão conseguindo cumprir o 'combinado'"; ela procurou explicitar seus sentimentos (que eles já aprenderam a reconhecer), ou seja, não conseguindo falar, ela se sente triste e brava; e tentou mostrar as consequências dessa dinâmica da sala apontando para o fato de que ela acaba fazendo coisas de que eles não gostam, como falar alto, gritar o tempo todo.

Dando oportunidade para que o aluno se expressasse, percebeu que talvez o problema, efetivamente, estivesse no fato de eles não terem entendido o que é prestar atenção – ao dizer para a professora que eles tinham de "falar baixinho", o aluno deu a entender que possivelmente as crianças poderiam estar confundindo a situação do diálogo com outra situação também nova para eles. Nessa classe era permitido andar e conversar nos momentos adequados, desde que não durante explicações ou quando a professora tivesse pedido silêncio. Uma vez entendida a situação, surgiu a oportunidade para que a professora, como envolvida, ou seja, participante ativa do conflito, sugerisse uma solução: combinarem um novo sinal para os momentos em que ela precisasse da atenção deles (seria apagada a luz). A professora também procurou explicar que talvez eles não estivessem dando atenção por não considerar importante o que ela estava dizendo, mas para ela era importante.

Indícios dessa situação surgiram no trabalho de pesquisa que deu origem a este livro quando, ao compararmos a incidência de comportamentos de desobediência à professora e às regras, do início até o fim do ano, verificamos que a desobediência à professora diminuiu, enquanto a desobediência às regras se manteve. Esses resultados nos levaram a considerar que, provavelmente, aquilo que estávamos interpretando como "desobediência" era uma questão de clareza das regras. Para garantir o entendimento das regras, é preciso que elas sejam explicitadas claramente – como no caso acima. Será que as crianças sabem a diferença entre estar ouvindo e prestar atenção? Talvez elas acreditem que se estiverem ouvindo enquanto apontam o lápis estão prestando atenção. A professora então explicita às crianças uma regra de prestar atenção na sala de aula: para que um aluno preste atenção em algo ele precisa "olhar, ouvir e ficar quietinho". Traduzir o que se deseja em comportamentos bem definidos é fundamental para obter a colaboração da criança quanto à necessidade do cumprimento de regras. Um passo importante nesse processo é verificar o entendimento da regra, o que pode ser feito pedindo às crianças que repitam o que foi combinado.

Após esse diálogo, tornou-se mais fácil obter a atenção das crianças diante das necessidades que surgem durante as aulas. Acreditamos que o entendimento da regra eliminou o problema que estava causando confusão. Assim, não foi só o entendimento do problema que possibilitou a solução, mas também o entendimento de que as ações das crianças estavam lhes trazendo consequências ao provocarem sentimentos negativos na professora. A sensibilização para os sentimentos da professora foi importante para que as crianças se dispusessem a solucionar aquele conflito esforçando-se mais para se autocontrolar.

Observamos a mesma situação quando começamos a praticar o diálogo EPRP com as crianças. Quando se pergunta o que elas podem fazer para que a situação não torne a acontecer, quase automaticamente elas respondem repetindo o que a mãe diz ao deixá-las na porta da sala – "Ficar bonzinho!" –, ou então repetem a ordem que frequentemente recebem quando ofendem alguém: "Pedir desculpas". Logo no início da intervenção, surgiu a obrigação de definir o que é "ficar bonzinho", ou seja, traduzir em comportamentos essa recomendação materna.

Na segunda parte das lições formais, denominada Habilidades de Solução de Problemas, as crianças treinam o pensamento de busca de soluções alternativas e o pensamento consequencial.

Para desenvolver o pensamento de busca de soluções alternativas, da lição 48 à lição 60 a criança se exercita na aplicação prática do princípio de que há muitas maneiras de resolver um problema; ela também aprende três importantes habilidades: diferenciar problemas interpessoais de outros tipos de problema, entender motivações que podem estar subjacentes às ações e considerar os interesses dos outros na busca de soluções alternativas.

O pensamento consequencial é exercitado nas lições de nº 61 a 74, por meio das quais a criança é induzida a pensar que nossas ações podem gerar reações nos outros (sequência de fatos) e aprende a analisar possíveis consequências de nossas atitudes (julgamento de valor).

Exemplo

As crianças devem perceber que o que fazemos ou dizemos pode provocar tristeza, alegria ou braveza nas pessoas (sentimentos trabalhados até o momento). Comecei a intervenção relembrando como percebemos o que as pessoas estão sentindo. Normalmente a aluna Maria se agita nas aulas de EPRP e como consequência agita os colegas; hoje eu me antecipei, percebendo que ela chama a atenção para si, e comecei a aula acariciando suas mãos. Fiquei perto da sua carteira enquanto conduzia a atividade com a classe e ela se manteve calma o tempo todo. No fim da lição, quando eu já estava encerrando e saí de perto dela, Maria estourou um saco plástico, a mando de um colega. Resolvi não dar atenção, não me estender e fechei a lição procurando sensibilizá-los para o gosto dos colegas. Relembrei que as pessoas podem ou não gostar de coisas diferentes em momentos distintos. Pedi que descobrissem do que o colega gosta e fizessem um desenho para ele. Algumas crianças, como o Júnior e o Samuel, tiveram dificuldade de seguir a instrução de perguntar ao colega o que ele gostaria de receber e, ao contrário, desenharam de acordo com sua preferência. Fiz várias intervenções durante a atividade, direcionando a ação das crianças para o objetivo do trabalho. Por exemplo, Gilda me mostrou o desenho e eu perguntei se era aquilo que o colega havia dito que queria; Márcia perguntou se era qualquer coisa e eu respondi que qualquer coisa, não, que ela deveria perguntar ao colega.

Antes de saírem para o recreio, perguntei:

Eu – Como vocês fizeram para descobrir do que os colegas gostam?

Alunos – Tem que perguntar.

Eu – No recreio tem havido muita confusão porque vocês ficam fazendo brincadeiras de que os colegas não gostam. Se a gente olhar, ouvir e perceber que o colega não gostou da brincadeira...

Aluna (Nice, me interrompendo, completou) – Tem que parar.

Eu – Parar é uma boa ideia para não criar confusão.

Aluna (Nice continuou) – E não bater também!

Eu – E, se o colega não quer brincar daquilo que a gente quer, como é que a gente descobre do que ele quer brincar?

Crianças (em coro) – Perguntando.

Eu – Perguntando do que ele quer brincar? É, aí não vai dar confusão. Dependendo do que a gente disser ou fizer, as pessoas vão se sentir de diferentes maneiras, então vamos prestar atenção em se as pessoas estão gostando ou não do que nós estamos fazendo. Certo?

Comentou-se anteriormente que a interrupção da violência passa pela sugestão de opções de ação diante de problemas e dificuldades, e não simplesmente pela proibição dos comportamentos considerados antissociais. A busca de soluções alternativas é preconizada pela autora do EPRP como a habilidade social mais importante nessa faixa etária. Assim, vemos no exemplo acima que, além de trabalharmos a busca de soluções alternativas em situações consideradas hipotéticas, durante as aulas teóricas do EPRP, partimos para a generalização dos comportamentos esperados à medida que os problemas vão surgindo e aparecem oportunidades de abordagem na prática.

Reconhecer a diversidade de gostos entre as pessoas e a variação de gostos da mesma pessoa em diferentes momentos é uma habilidade cognitiva importante entre as crianças. A abordagem do problema do recreio, ou seja, as brigas constantes por causa das brincadeiras, possibilitou às crianças brincar mais tranquilas, respeitando o gosto de cada um e buscando solucionar por si mesmas os conflitos surgidos; na prática, as crianças se tornaram mais aptas a pesquisar o gosto dos colegas, observar a reação deles diante de suas ações e perceber que podemos mudar o ambiente, modificando nossas atitudes.

Dizer a uma criança que ela tem de respeitar o próximo muitas vezes é vago o bastante para que ela não consiga traduzir em comportamentos o que se espera com essa recomendação. Ao contrário, dizer-lhe que é preciso interromper uma ação dirigida a um colega quando percebe que ele não está gostando, ensinar a perceber sentimentos ligados às reações das pessoas, orientá-la a buscar em meio a diversas possibilidades aquilo que satisfaz o colega e a ela mesma é fornecer indicações claras que a ajudam a direcionar seu comportamento, sem impor como ela deve agir.

Outro aspecto importante do exemplo acima é a capacidade do professor de perceber a criança que agita e anular sua conduta perturbadora. A aluna Maria mostrou-se resistente em praticamente todas as aulas de EPRP, assim como durante as histórias e o relaxamento. Nos dois estudos que realizamos, percebemos que as crianças ficavam mais agitadas durante a fase do programa EPRP em que eram trabalhados os sentimentos, quando aumentavam muito os conflitos entre elas. Maria sempre foi mais agitada que os colegas e bastante provocadora. De início, tentei mostrar que eu considerava aquilo vontade de me provocar; em seguida, tentei o bom humor; e então procurei ignorar, mas todas essas ações tinham efeitos temporários – ela interrompia o que estava fazendo, mas não desistia da provocação. Percebendo que, de uma maneira ou de outra, ela estava chamando a atenção para si, procurei me antecipar e dar atenção antes que ela se manifestasse e eu acabasse repreendendo o comportamento inadequado – que seria, assim, fortalecido. Com ações como essa Maria foi se acalmando e, quando atingimos as lições sobre o conceito de justiça, ela aceitou a abordagem com tranquilidade.

Alunos como Maria não são incomuns na sala de aula, mas, apesar de não constituírem o universo dos alunos de um primeiro ano, podem "prejudicar" o programa, principalmente se conseguirem fazer o professor perder a paciência. Trabalhar o comportamento de crianças como essas exige dos educadores uma dose maior de paciência, atenção e disposição para ajudar o aluno sem permitir que ele atrapalhe o programa de intervenção. Como vimos, não existe uma fórmula para esse tipo de ação; considerando que cada criança é singular, cabe ao professor sondar que caminhos deve trilhar, sempre atento aos princípios norteadores do programa: respeito ao outro, não violência e busca de soluções alternativas. O que nos interessa é trazer a criança para um convívio social mais saudável.

Na terceira parte das lições formais, são exercitadas as etapas do Processo de Solução Cognitiva de Problemas Interpessoais. Nas lições 75 a 83 a criança é levada pela professora, por meio do diálogo, a analisar uma diversidade de pares solução-consequência. Nessa análise, ela aprende a avaliar cada alternativa encontrada como mais conveniente (ou não) à solução do problema – e a estudar o contexto dos acontecimentos ao identificar o verdadeiro problema antes de tomar uma decisão.

Exemplo

Eu – Na outra aula vocês aprenderam um jeito de descobrir aquilo de que o colega gosta. Hoje quando eu cheguei aqui já estavam acontecendo muitas confusões. Então vamos continuar conversando sobre o assunto daquele dia. Se eu chegar e ficar falando assim pra coleguinha de vocês (escolhi a menina que tem mania de provocar os outros dessa forma): "Ih, a Vera é namoradinha do Max, ih, a Vera é namoradinha do Max, a Vera é namoradinha do Max!" Aí a Vera vai acabar se sentindo muito... (esperei a resposta deles)

Crianças (em coro) – Brava!

Eu – É, talvez ela se sentisse brava ou triste. O que eu fiz deixou a Vera brava. Se eu continuar fazendo, o que vai acontecer?

Aluna – Aí ela vai ficar mais triste ainda.

Eu – Talvez ela fique mais triste e comece a fazer coisas de que eu não gosto. Muito bem, a Vera ficando muito brava comigo pode começar a pensar assim: "Ah, eu também não quero mais saber dessa professora", virar para trás e começar a conversar com o coleguinha, eu tentando dar aula e ela conversando, eu pedindo silêncio e a Vera batendo papo. Como vocês acham que eu vou me sentir?

Crianças (gritando várias ao mesmo tempo) – Triste! Ou brava! Vai dar um monte de lição.

Eu – Talvez eu dê um monte de lição, talvez eu dê uma bronca, mas o certo é que eu vou fazer coisas de que a Vera não vai gostar.

E eu tenho visto vocês fazerem muitas coisas que irritam o colega, como mexer no material do outro, encostar na carteira do colega e ficar olhando quando ele não quer, criança passar de carteira em carteira derrubando o material dos amigos e dando tapinhas na cabeça deles.

Analisei as consequências dessas atitudes, chamei a atenção para a análise dos sentimentos das pessoas com as quais estamos interagindo e perguntei se devemos parar ou continuar a agir daquela forma. Também chamei a atenção das crianças para o fato de que o sentimento a respeito da mesma coisa pode variar de pessoa para pessoa. Exemplifiquei que algumas crianças da classe não se importam de emprestar o material, mas outras não gostam de fazê-lo.

Depois de citar esses fatos que são corriqueiros na sala de aula, perguntei:

Eu – O que vocês podem fazer se não estiverem gostando de alguma coisa que o colega está fazendo com vocês?

Aluno – Pode falar.

Eu – De que outro jeito também podemos perceber se o colega está gostando ou não do que estamos fazendo?

Crianças – Olhando, ouvindo ou perguntando.

Diante de uma resposta que considerei mal-educada, e perguntei à classe:

Eu – O que seria uma boa ideia fazer quando alguém dá uma resposta que nós achamos mal-educada e ficamos bravos?

Crianças – Lembra do "leão nervosinho", professora? Tem que sair de perto, respirar fundo.

Eu – Isso, só depois é que resolve o que fazer, porque ficar com raiva não é uma boa ideia, o corpo da gente sente a raiva e não ficamos bem. Então, o que podemos fazer para evitar que as brigas aconteçam?

Crianças – Ser educados.

Eu – (sintetizando o assunto) Ser educados e prestar atenção em como os outros se sentem em relação ao que fazemos.

Nesse exemplo, ao começar o dia com muitas reclamações, procurei exemplificar com as ações mais comuns dos provocadores, tentando induzi-los a se colocar no lugar do colega que está sendo provocado. A provocação é uma situação difícil dentro da sala de aula porque, na maioria das vezes, o provocador realmente está brincando e se divertindo, mas em geral só ele se diverte e o provocado se irrita. Um ato isolado de provocação pode se constituir em uma simples brincadeira, mas, em um ambiente coletivo, as relações talvez se tornem bastante tumultuadas. Fazendo que as crianças se coloquem no lugar do provocado e levando-as a prestar atenção nos sentimentos, estamos dando um primeiro passo para amenizar essas situações, induzindo-as a agir de forma refletida e não impulsiva, mesmo que em uma simples brincadeira.

Ao se considerar agredida verbalmente por um aluno durante a lição, solicitar a ajuda das crianças para dirimir a raiva que estava sentindo permitiu à professora expor seus processos mentais, mostrando que esse sentimento é normal, mas precisa ser controlado. Isso tudo sem expor a criança que foi agressiva.

Exemplo

Coloquei uma caixa de correspondência no dia anterior com o objetivo de incentivar os alunos a escrever. Sem que eu esperasse, a caixa gerou muita confusão. As crianças usaram-na para liberar pela escrita o que, de uma maneira ou de outra, lhes é vedado falar: bilhetes de amor, xingamentos aos colegas, entre outras coisas. Aproveitei a oportunidade para trabalhar o EPRP.

Comecei lembrando que o objetivo de todas as pessoas é se sentir feliz e que as nossas ações geram sentimentos nos outros, que, por sua vez, vão reagir causando novos sentimentos em nós. Após essa introdução, perguntei:

Eu – Para que serve a caixa que eu coloquei lá?

Crianças – Pra escrever.

Eu – Muito bem!

Completei dizendo que era pra dizer alguma coisa pra alguém, escrever bilhetes.

Eu – Namoro dentro da escola pode?

Crianças (em coro) – Não!

Eu – Então é uma boa ideia mandar um bilhete de namoro?

Crianças (em coro) – Não!

Eu – Vocês gostam que falem mal de vocês?

Crianças (em coro) – Não!

Eu – Então vocês acham que é uma boa ideia mandar um bilhete chamando os outros de chatos, de enjoados?

Crianças (em coro) – Não!

Eu – Vocês gostam que mexam nas coisas de vocês?

Crianças (em coro) – Não!

Eu – Tudo isso vocês fizeram ontem. Então, vamos decidir se essa caixa vai continuar ou não?

Resolveram que sim. Continuei:

Eu – Mas se continuar do jeito que estava ontem vai dar confusão, eu preciso dar aula e não posso ficar parando a minha aula para poder resolver confusões de vocês.

Crianças – Pode deixar que nós vamos resolver sozinhos.

Eu – Essa é uma boa ideia, mas o que podemos fazer pra não dar problemas e parar de causar confusão?

Iran – Nós vamos parar de fazer.

Eu – Parar de fazer o quê?

Iran – O que a gente tava fazendo.

Eu – O que vocês estavam fazendo, Iran?

Aluno – Ler a carta dos outros.

Eu – Ah! Então vamos começar a combinar, ler carta dos outros não pode?

Crianças (em coro) – Não!

Eu – Então ninguém vai ler bilhete de ninguém?

Crianças – (em coro) Não!

Eu – Ótimo! Primeira regra da caixa de correspondência: ninguém vai ler bilhete de ninguém. Vou escrever as regras e só vou colocar a caixa de volta quando elas estiverem prontas. Vocês me disseram o que não podem fazer, mas nós vamos escrever nas regras o que podemos fazer.

As crianças ditaram as seguintes regras, que eu sintetizei em um cartaz e pendurei na parede:

1) Ler só o que for nosso.
2) Ficar longe quando alguém for colocar bilhete.
3) Mexer na caixa apenas nos horários livres. (Jonas veio me contar que, quando eu saio da classe, as crianças "voam" na caixa. Procurei então explicar à classe que a referência para mexer na caixa não é a minha pessoa, mas sim se estão com atividade ou não.)
4) Mexer na caixa um de cada vez sem encostar no colega (comparei com outras situações, como na fila, no armário, no lanche).
5) Deixar a caixa no lugar.

Explicitei a necessidade de eles assinarem os bilhetes; essa não era uma caixa de correspondência anônima, mas uma conversa escrita.

Eu – Mas faltou o mais importante de tudo.

Jonas – Professora, pode escrever, por exemplo, "Márcia, eu gosto de você"?

Eu – Você chegou onde eu queria. Isso pode ser falado?

Crianças (em coro) – Pode!

Eu – Então, qual é o problema de escrever? Se pode ser falado, pode ser escrito.

Jonas – Não pode escrever de namorado, né?

Eu – Pode namorar dentro da escola?

Crianças (em coro) – Não!

Eu – Então não pode escrever. Escrevam só o que não vai deixar os colegas tristes, frustrados, bravos ou com medo.

Crianças – Só feliz e orgulhoso, né, tia!

Escrevemos a regra 6: Escreva só o que for deixar alguém feliz ou orgulhoso.

Aluno – Só para os amigos!

Eu – Podem escrever para alguém que não é amigo também.

Jonas – Então não pode escrever: "Na hora do recreio eu vou te bater".

Eu – O que pode acontecer se você deixar alguém triste, bravo, com medo ou frustrado?

Jonas – A pessoa vai bater.

Eu – Pode ser que a pessoa bata em quem ameaçou; então escrever ameaça é uma boa ideia? A pessoa vai se sentir como?

Crianças – Triste, ou talvez brava.

As próprias crianças citaram outros exemplos de provocação e concluíram que a melhor ideia era ignorar.

Eu – O que pode acontecer quando a pessoa ignora uma provocação?

Jonas – A pessoa não "se aparece" e fica quieta.

A primeira ação da professora foi redirecionar as crianças para o objetivo da caixa de correspondência, definindo o problema que induziu a muitos conflitos e ao consequente excesso de brigas e reclamações: o objetivo da caixa era escrever mensagens para outras pessoas. Em seguida, induziu as crianças à autonomia, colocando nas mãos delas a solução do problema, e assumiu uma postura de não aceitação de respostas genéricas passíveis de permitir ações duvidosas; tudo ficou muito bem esclarecido.

Esse caso da caixa de correspondência é muito interessante porque permitiu a explicitação, às crianças, de que não é porque estamos anônimos que podemos agredir outra pessoa. Qualquer ação direcionada a outrem que tenha uma intenção agressiva é passível de gerar confusão e mágoa, devendo, portanto, ser evitada. Os questionamentos das crianças a respeito daquilo que pode ser escrito ou não exprimem a tentativa de refletir sobre os próprios atos.

Também merecem destaque as colocações positivas em relação ao acontecido; em nenhum momento foi dito: "Vocês fizeram confusão e não vão escrever mais"; ao contrário, afirmou-se implicitamente o seguinte: "A confusão que vocês fizeram teve origem em uma motivação e está atrapalhando, modifiquem suas ações e tudo voltará ao equilíbrio, permitindo que vocês continuem se divertindo".

Escrever as regras positivamente, em lugar de enunciar proibições (não faça isso, não faça aquilo...), também reforça o conceito de busca de soluções alternativas em vez do uso da repressão.

Nesse caso, todas as regras surgiram da necessidade de organizar a utilização da caixa de correspondência, que eles consideravam uma diversão durante o período de aulas, e partiram das crianças, embora tenham sido mediadas pela professora.

Independentemente da fase do programa em que as crianças se encontram, elas são sempre instadas a refletir sobre os seus sentimentos e os dos outros. Essa é uma condição essencial para encontrar uma solução para o problema.

Quanto à natureza dos conflitos, os problemas discutidos nas aulas de EPRP são universais, selecionados da vivência da criança, como pegar material do colega sem pedir ou colocar apelidos maldosos nos amigos. Além de problemas peculiares a qualquer cultura, Shure abre a possibilidade de utilizar as aulas de EPRP para tratar de problemas mais característicos da nossa realidade, que eventualmente possam surgir.

A maior parte do currículo foi aplicada no formato original, com algumas adaptações para a realidade das nossas salas de aula: a) reforços para fixar os conceitos; b) adequação das lições à nossa realidade cultural; c) atividades mais apropriadas ao grande número de alunos; d) condensação de algumas lições repetitivas quando não há necessidade de enfatizar conceitos já conhecidos.

Integração dos conceitos no currículo e no dia a dia da sala de aula

De acordo com a proposta do programa, os conceitos aprendidos nas lições formais devem ser, sempre que possível, integrados às experiências cotidianas. A aplicação dos conceitos do EPRP é um exercício importante para a prática do pensamento reflexivo e para a generalização dos conceitos aprendidos para situações da vida real. No manual do programa são dadas muitas sugestões para incorporar o EPRP nos acontecimentos do dia a dia ou integrá-los no currículo regular. Seguem alguns exemplos dessa prática no dia a dia, que sugerem a reflexão principalmente sobre as consequências e sobre o que seria ou não uma "boa ideia":

- ➤ nas aulas de História: pensar em atitudes alternativas para os personagens da nossa história, refletindo nas consequências que as ações de cada um trouxeram para a vida da comunidade;
- ➤ durante as refeições: podem ser ressaltados os diferentes gostos e preferências das crianças;
- ➤ quando as crianças estão mais agitadas: sugere-se alertá-las sobre os sentimentos da professora em relação ao comportamento da classe;

> comportamentos considerados inconvenientes, como entrar empurrando na fila, jogar comida no colega, interromper as pessoas quando estão conversando: a sugestão é alertar as crianças sobre os sentimentos das pessoas envolvidas, as consequências dos atos realizados para si mesmo e para os outros;
> conflito entre as crianças: sugere-se investigar o porquê do comportamento do colega, incentivando os alunos a pensar em soluções alternativas para resolver o conflito;
> os diferentes sentimentos da própria criança em ocasiões variadas: mostrar como ela se sente quando consegue amarrar o sapato sozinha, quando consegue fazer as lições, quando ela provoca alguém e apanha, quando os amigos não querem brincar com ela;
> sobre questões não necessariamente interpessoais, mas que refletem no convívio social, como a reciclagem do lixo, a apropriação de objetos que foram simplesmente encontrados, o desmatamento, o uso de drogas. Os conceitos são aplicados também nas ocasiões em que os alunos relatam problemas e conflitos vividos ou presenciados no seu cotidiano.

A integração dos conceitos do EPRP pode ser realizada num momento de conflito, durante as lições formais ou, ainda, na convivência diária da sala de aula. Assim, quando a criança traz problemas de relacionamento de casa ou fora da sala de aula – dependendo do tipo de problema, sempre se tomando o cuidado de não expor a criança –, há duas opções: ele é discutido junto com os colegas utilizando-se os procedimentos de solução de problemas (evocar o sentimento dos envolvidos, buscar soluções alternativas de ações e suas possíveis consequências) ou genericamente durante as aulas de EPRP, sobretudo utilizando-se os fantoches, o desempenho de papéis e o desenho.

O manual também sugere limites às crianças mais dominadoras, sempre procurando não intimidá-las: "Pode ser dito: 'Você já teve a sua vez de falar, agora vamos deixar que os outros também tenham vez', ou, então, 'Você já teve a sua vez de falar, chame alguém que ainda não teve vez para responder'".

Shure lembra a importância de discutir constantemente as ideias das crianças, levando-as a sair da sua lógica particular e mergulhar na lógica mais adequada à solução de problemas interpessoais; rotineiramente é pedida a opinião das crianças a respeito dos assuntos abordados em sala de aula, e, quando a opinião da criança difere do que é considerado uma "boa ideia", pergunta-se a ela por que está pensando daquela forma, analisando-se as possíveis consequências, tanto boas quanto más, diante da possibilidade de aquela atitude ser tomada.

Pedir soluções à criança em vez de lhe sugerir o que fazer evita um jogo de poder entre a criança e o adulto. Considera-se uma "boa ideia" aquela que, submetida à análise das consequências, tem mais efeitos positivos que negativos; o questionamento do que vem a ser uma "boa ideia" leva em consideração não só a quantidade de efeitos positivos ou negativos de nossas ações, mas o impacto que essas consequências podem ter para nós e para os outros. Também se analisa se uma solução configura uma "boa ideia" partindo-se do conceito de empatia: "Como você se sentiria se isso acontecesse com você?", ou "Como você acha que o seu colega vai se sentir se você fizer isso?" A análise do efeito das nossas ações também demanda a distinção entre reações em cadeia e simples consequências.

Quando começamos as lições de habilidades sociais, é comum recebermos reclamações ou comentários dos pais de que as crianças estão "respondonas"; em outras palavras, estão questionadoras. Nem sempre temos a oportunidade de abordar o assunto com os pais de modo mais amplo, situando essa atitude da criança como uma fase pela qual ela passa quando se estimula o desenvolvimento do pensamento de solução de problemas interpessoais. Olhar para o comportamento questionador da criança de maneira positiva, ver nisso uma atitude de confiança, de busca de autonomia, seria uma importante contribuição no sentido de educá-las para a autonomia e a justiça, mas, diante da falta de oportunidade de se trabalhar com os pais, é interessante vermos essas reclamações como indícios de efeitos do programa e continuarmos ou redirecionarmos os próximos passos da intervenção. O questionamento faz parte da promoção da autonomia e da assertividade, mas a nossa função é preparar a criança para se colocar de maneira positiva, sem agressividade.

O programa EPRP prepara a criança para lidar com diferentes situações, tanto na escola quanto em casa e em outros ambientes, prevenindo os efeitos colaterais relatados acima, como podemos ver no seguinte exemplo:

Exemplo
Quando entrei na sala, mal me deixaram falar bom-dia e já começaram com muitas reclamações uns dos outros. Aproveitei a oportunidade para introduzir a lição do EPRP: "É uma boa hora?"

Eu – Nossa! Vocês não me deram nem bom-dia e já estão reclamando um do outro? A nossa lição do EPRP de hoje é justamente sobre isso, se é ou não uma "boa hora" pra falar alguma coisa pra alguém.

A partir daí, desenvolvi o conteúdo conforme o programado. Deixei que as crianças que quisessem contassem as ocasiões em que elas souberam esperar uma "boa hora" para falar alguma coisa pra alguém. A maior parte dos casos contados foi a respeito de ocasiões em que os familiares estavam brigando e elas tiveram de esperar para fazer ou dizer alguma coisa. Aproveitei para incluir discussões acerca de fatos comuns na sala de aula, como a criança que fica chamando "tia, tia" quando eu estou conversando com alguém. Também aproveitei a oportunidade para introduzir três noções: a) a necessidade de encontrar alguma coisa para fazer enquanto estamos esperando por uma "boa hora"; b) a importância de não desistirmos facilmente do que queremos; c) pensar bem se também é uma "boa ideia" o que queremos falar ou fazer.

Assim como no exemplo, durante todo o programa, preparamos as crianças para contextualizar suas ações, prever consequências e ser persistentes, mas de acordo com as possibilidades, sem cultivar ideias fixas.

O diálogo EPRP

Fora das lições formais, um componente essencial do processo é o "diálogo EPRP", conduzido em situações problemáticas ocorridas em sala de aula. Ele ajuda não só a treinar as habilidades de pensamento recém-adquiridas, mas também a lidar com as frustrações.

O diálogo é introduzido aos poucos, à medida que as lições formais vão sendo ensinadas. Em um diálogo EPRP típico, inicialmente a professora verifica:

a) qual é a visão de todas as crianças envolvidas sobre o problema;

b) quais são seus sentimentos;

c) que soluções podem ser tomadas para que todos os envolvidos voltem a se sentir bem.

Na condução do diálogo, a professora deve ter o cuidado de não tomar partido na solução do problema e de levar as crianças envolvidas a identificar o problema real, buscando as soluções de acordo com a visão delas.

O exercício do diálogo se completa depois que a maioria das lições formais foi dada (lição 74), quando todos os passos do diálogo já podem ser integrados. Assim, nessa nova estrutura, a professora:
  a) elicia a visão da criança sobre o problema;
  b) encoraja a criança a pensar nas consequências de suas próprias ações;
  c) elicia a percepção da criança a respeito dos sentimentos dos outros;
  d) elicia os próprios sentimentos da criança;
  e) encoraja a criança a não desistir tão cedo.

Durante um "diálogo EPRP", o reforço à tentativa da criança de obter novas ideias deve ser feito com a frase "Essa é uma ideia diferente", e não "Essa é uma boa ideia"; dessa forma, as soluções serão escolhidas e avaliadas segundo o ponto de vista da criança e em termos de consequências, e não pelo julgamento do adulto.

É importante ressaltar que, quando dizemos que uma ação pode trazer consequências ruins e, portanto, não é uma boa ideia, estamo-nos referindo ao comportamento moral, ou seja, a consequências negativas para o indivíduo, para o outro e para a sociedade como um todo, independentemente de as ações virem a público ou não.

Durante a nossa prática, sentimos necessidade de adotar um procedimento diferenciado durante o diálogo EPRP: quando ocorria um problema especificamente entre duas ou mais crianças, sem que o restante da classe estivesse implicado, a professora ia conversar com as crianças envolvidas fora da sala de aula. Longe do grupo, algumas delas se dispunham mais facilmente a dialogar e a dinâmica da aula não era prejudicada por conflitos particulares.

Gostaríamos de exemplificar como é possível, desde as primeiras aulas do EPRP, praticar o diálogo com as crianças em um exercício constante de autonomia e autoconfiança, mediado pela professora. Nos relatos que seguem, são apresentados exemplos de diálogo EPRP parcial e de diálogos EPRP completos.

Exemplo

Júlio – Professora, a Maria me beliscou.
Maria – É mentira.
Júlio – Ela sempre me belisca e vive me puxando a orelha, hoje ela fez isso de novo! Aí eu empurrei ela e ela caiu.
Eu – O que você acha que aconteceu, Maria?
Maria – O Túlio torceu o meu braço.
Júlio – É mentira. Ela sempre inventa.
Eu – Vocês dois estão vendo as coisas do mesmo jeito ou de um jeito diferente?
Um continuou dizendo que o outro estava mentindo. Mandei que parassem com a confusão.

No exemplo acima, a professora conseguiu estabelecer um diálogo parcialmente de acordo com a estrutura recomendada pelo programa EPRP. Cada um deu a sua versão dos fatos, mas não se abordou a questão dos sentimentos nem o que poderia ser feito para que se resolvesse o problema. A professora encerrou a questão como a maioria das pessoas costuma fazer ao interferir em uma discussão de crianças: ditando o que deveria ser feito segundo o próprio ponto de vista.

Exemplo

Ari – Tia, a Maria fica riscando o meu livro.
Eu – Venham aqui os dois.

Maria – Ele fica riscando o meu livro.
Eu – Maria, você gosta que risquem o seu caderno? Você fica feliz?
Ela não respondeu. Saí com os dois e repeti a pergunta. Depois de muito insistir, ela respondeu que não. Pedi que fizesse a pergunta a Ari. Maria não obedeceu e eu perguntei:
Eu – Você fica feliz, Ari?
Ari – Não.
Eu – Se nenhum dos dois fica feliz quando um risca o caderno do outro, o que nós vamos fazer para que os dois voltem a ficar felizes de novo?
Maria – Tem que pedir desculpas.
Eu – Isso resolve? Desculpa só ajuda, não resolve, eu quero alguma coisa que resolva o problema.
Maria – A gente pode apagar (o rabisco que eles fizeram).
Eu – Essa é uma ideia. Você tem outra, Ari?
Ari – Não.
Eu – E para não acontecer mais o que vocês podem fazer?
Ari – Tem que ficar amiguinhos.
Eu – E como vocês mostram um para o outro que são amigos de novo?
Eles deram o dedinho.

Exemplo
Júlio veio reclamar que a Maria tirou o lugar dele. Disse que colocou a mochila na cadeira e Maria tirou. Perguntei o que aconteceu e ela não respondeu. Saí com os dois. Diálogo:
Eu – Maria, o que aconteceu (precisei insistir muito até que ela se dispusesse a conversar)?
Maria – Quando eu sentei, a mochila dele não estava lá.
Júlio – Eu deixei ela perto da cadeira.
Eu – Então você não colocou a mochila na cadeira?

Júlio – Eu deixei ela perto.

Eu – Vocês estão vendo a coisa do mesmo jeito ou de um jeito diferente?

Júlio – Eu coloquei ela perto da cadeira.

Eu – Vocês estão vendo a coisa do mesmo jeito ou de um jeito diferente? Você disse que a sua mochila estava lá e ela disse que não estava.

Repeti a pergunta.

Maria – Diferente.

Eu – Então nós temos um problema. O que vamos fazer para resolver esse problema?

Júlio – Eu não achei nenhuma carteira pra sentar.

Eu – Quando não tem cadeira pra sentar, o que a gente pode fazer?

Maria – Pode ir buscar uma cadeira aqui na R... (a professora da outra classe).

Eu – Pode ir ver nas outras salas se tem uma cadeira. Essa é uma ideia, muito bem. Então vamos resolver esse problema? Vamos lá! Tentem. Podem ir os dois. Podem ir (não se mexem). O que vocês resolveram fazer?

Júlio – Ir na tia R...

Eu – Então vai rapidinho que nós temos lição (ela não se mexe). Maria, o problema é só do Júlio? É só ele que tem que resolver (ela balança a cabeça negativamente)? Então os dois juntos!

Ela foi com ele.

Os dois últimos exemplos ilustram um diálogo completo. As crianças já têm condições de contar a versão delas sobre o fato; entendem que as pessoas percebem, cognitiva e sentimentalmente, os acontecimentos de maneiras diferentes e isso gera conflitos; aceitam as diversas versões e buscam soluções que contentem a todos os envolvidos.

A garota dos dois conflitos mostrou-se, no início da intervenção, especialmente resistente ao diálogo; dessa forma, sempre que ela estava envolvida, tínhamos de sair da classe para resolver a questão. Cremos que, para solucionar sua resistência contínua, foi importantíssimo, a cada conflito, partir para o diálogo como se fosse a primeira vez e como se ela nunca se envolvesse em confusões. Essa atitude também contribui para que não se criem "rótulos" sobre as crianças mais difíceis – a cada novo acontecimento, ela sempre tem a chance de colocar a sua visão do conflito antes de ser acusada.

Exemplo
Olhei para o Max e a Lia e vi os dois disputando acirradamente minha régua, que eu havia emprestado a Lia. Ela gritava me chamando, e eu mandei que ele largasse. Max se aproximou reclamando que a Lia não queria emprestar a minha régua. Diálogo:
Eu – Por que você acha que ela não está te emprestando a régua?
Max – Porque ela está usando.
Eu – O que você pode fazer enquanto ela está usando a régua?
Max – Esperar.
Eu – Você pode pensar em alguma coisa pra fazer enquanto você espera (cobrei a resposta)?
Nisso ela desocupou a régua e cedeu-a a ele.

Exemplo
Wilson ameaçou a Lia novamente e ela reclamou comigo. Ele disse que ela quebrou um brinquedo dele. Diálogo:
Eu – Como eu estou ensinando vocês a resolver os problemas aqui na classe?
Wilson – Na diretora.

Eu – Não, senhor, eu mando para a diretora quem dá murro, soco e pontapé aqui dentro da classe. Como a gente resolve os problemas?

Wilson – Tem que conversar.

Eu – Conversando. Não quero ninguém brigando dentro desta sala de aula. Bater é uma coisa que você pode fazer, mas você acha que é uma boa ideia? Se você bater nela, o que vai acontecer?

Wilson – Eu vou pra diretora.

Eu – Talvez eu te mande pra diretora. Se você tá batendo nela, é porque você está se sentindo como?

Wilson – Triste.

Eu – E o que eu ensinei vocês a fazer quando estão tristes ou bravos?

Wilson – Conversar.

Eu – E o que mais?

Wilson – Perguntar pra ela o que aconteceu com meu brinquedo.

Eu – Muito bom! Posso confiar (afirmou com a cabeça que sim)? Então vai fazer lição.

Exemplo

Júlio veio me dizer que o Max contou a Laira que ia pegá-lo no recreio. Chamei o Max na frente do Júlio e perguntei:

Eu – O que aconteceu?

Max – Eu estava brincando.

Eu – Ah, Júlio, você entendeu errado, o Max estava brincando!

Depois que eles saíram, o Júlio me procurou de novo dizendo que o Max queria bater nele e que a mãe dele disse que, se alguém bate nele, ele tem de bater também. Perguntei:

Eu – O que foi agora, Max?

Max – Tia, eu estou brincando de lutinha.

Eu – Você perguntou ao Júlio se ele quer brincar de lutinha?

Max – Não.
Eu – E você quer brincar de lutinha ou quer brincar com o Júlio?
Max – Com o Júlio.
Eu – Então como você pode descobrir do que ele quer brincar?
Max – Do que você quer brincar, Júlio?
Júlio – De pega-pega.
Os dois saíram correndo.

Nesses três exemplos, os conflitos aconteceram com crianças que constantemente se envolviam em confusões. Alguns pontos devem ser ressaltados, como o fato de que não se negociam atitudes agressivas; negociamos a solução de problemas interpessoais, mas atitudes agressivas como bater, tomar um objeto à força, xingar, entre outras, não são negociáveis. Interrompida a agressão, podemos partir para o diálogo.

Fica claro que os três diálogos têm uma estrutura um pouco diferente da estrutura do diálogo EPRP proposto, justamente com o objetivo de interromper a sequência de confusões em que as crianças estavam se envolvendo continuamente, procurando elucidar questões que já haviam sido abordadas nas aulas formais do EPRP e das quais talvez elas ainda não houvessem se conscientizado.

Max, o aluno que deu origem às confusões em dois dos exemplos citados, constantemente fazia ameaças caso seus pedidos não fossem atendidos. Surgiram indícios de um processo iniciante de *bullying*, nas várias vezes em que ele ameaçava as crianças mais tímidas e fracas. Um diálogo como esse, que sempre permite à criança buscar soluções alternativas para agressões e fornece aos mais fracos a oportunidade de se defender sem agredir quem os ameaça; com a mediação da professora, torna-se uma excelente ferramenta passível de inibir os casos de *bullying* que possam surgir nas salas de aula dos anos iniciais. A resposta "Eu estava brincando" é comum nas crianças que mantêm um padrão de comportamento agressivo, quando chamadas à responsabilidade. Em casos assim, não se questiona se ela realmente estava brincando, mas se o colega gostou da brincadeira.

Em todo o processo de desenvolvimento do ensino de habilidades sociais ao longo da intervenção, pode-se afirmar que, para o professor, o mais difícil da prática não diz respeito às técnicas específicas que são propostas, mas sim ao hábito que o adulto tem de ditar o que a criança deve fazer. Ele deve abrir mão de suas posturas "ditadoras" e de processos educativos mais agressivos e repressores, como a prática do castigo e da suspensão, sem a sensação de que está perdendo a autoridade. Abordamos mais adiante a necessidade do *feedback* constante para o professor que se dispõe a educar e não a reprimir. Quanto aos alunos, o mais difícil foi obter a "boa vontade" de agir de acordo com as soluções morais que eles mesmos criavam.

Na intervenção que realizamos apenas ensinando habilidades sociais, obtivemos um resultado muito interessante: as crianças ampliaram a capacidade de pensar em soluções alternativas – cognitivamente se tornaram mais capacitadas –, mas não mudaram as posturas em relação à prática – sabiam o que fazer, mas não se dispunham à ação.

Com base nesses resultados, pensamos em completar a intervenção com um programa de reflexão sobre valores humanos. Escolhemos como instrumento a narrativa de histórias.

PROMOVENDO O QUERER: REFLEXÃO SOBRE VALORES HUMANOS COM APOIO EM HISTÓRIAS

O objetivo da intervenção baseada nas histórias foi promover a criação de um repertório de atitudes pró-sociais que favorecessem o comportamento adaptativo das crianças envolvidas e trabalhar na sensibilização da criança para o agir moral diante de conflitos interpessoais.

Escolhemos o trabalho com "projetos", que foram desenvolvidos com base na narrativa de histórias, por ser uma técnica pedagógica adequada à rotina das atividades do ensino fundamental e ao processo de alfabetização.

As histórias foram escolhidas na literatura clássica infantil ou em livros infantis disponíveis no mercado. Os temas foram selecionados de acordo com as metas do programa de desenvolvimento de valores fundamentais à manutenção da vida e do bem-estar da criança como indivíduo que vive em grupo. Como já dissemos, escolhemos temas que permitissem a discussão a respeito de valores como justiça, igualdade, solidariedade e generosidade. Além desses valores, que foram o foco principal do módulo, vários outros temas presentes nas histórias foram abordados, como amizade, valor do trabalho, coragem, paz, sentimentos e polidez.

Para a intervenção, fizemos uma lista de 33 histórias adequadas à faixa etária das crianças e à proposta. A seleção das histórias no dia a dia se efetivava segundo a necessidade pedagógica (possibilidade de exercícios de alfabetização e de desenvolvimento de projetos) ou a necessidade de discutir algumas atitudes mais específicas e os valores nelas embutidos. Das 33 histórias relacionadas, utilizamos 22 na intervenção e escolhemos duas outras que não estavam na lista, mas foram trabalhadas devido a necessidades específicas da sala de aula. *O homem que amava caixas* foi trabalhado em virtude dos constantes diálogos entre as crianças e entre as crianças e a professora a respeito de conflitos com familiares; algumas delas viviam apenas com um cuidador e davam indícios de se sentir rejeitadas. O livro *Não fui eu* foi lido diante da necessidade de trabalhar a apropriação indébita que constantemente ocorria quando as crianças perdiam materiais. Aquele que achava o material perdido se apropriava dele dizendo que "achado não é roubado"; quando inquirido sobre o fato, sempre dizia não ter feito nada, mesmo diante de testemunhas.

Histórias selecionadas[8]

1 – A *parábola do bom samaritano*

Temas: ações *versus* palavras; solidariedade, preconceito, cooperação.

Resumo: Jesus conversa com um doutor da lei acerca da necessidade de considerar "o próximo" aquele ser humano que precisa de ajuda. Conta a história de um homem que, tendo sido assaltado e espancado, quase morreu. Por ali passaram dois religiosos e um samaritano, considerado ímpio pelos hebreus. O único que se encheu de piedade e socorreu o ferido foi o samaritano.

---
8. Ver referências bibliográficas.

2 – "O leão e o ratinho" (presente em *Fábulas de La Fontaine*)
Temas: fragilidade da vida, necessidade de auxílio mútuo, ação e reação, relatividade do poder.

Resumo: um rato é pego por um leão que, em um ato de piedade, resolve soltá-lo. Posteriormente, o leão cai em uma armadilha e o rato, em um ato de gratidão, solta-o.

3 – "Os dois amigos e o urso" (presente em *Fábulas de La Fontaine*)
Tema: amizade.

Resumo: dois amigos são surpreendidos por um urso quando estão viajando. Um deles consegue subir na árvore enquanto o outro é abandonado pelo amigo à própria sorte.

4 – "Bem-aventurados os pobres de espírito, porque deles é o reino dos céus" (presente em *O Sermão da Montanha para crianças*)
Temas: calúnia, amizade, autenticidade no relacionamento e opinião social, autonomia.

Resumo: a história fala da amizade entre um macaco e um leão, que é interrompida de repente quando o macaco resolve dar ouvidos à calúnia. A amizade é reatada quando, encontrando-se por acaso, o macaco descobre que o leão, apesar de sentir sua falta, não se deixou abater pela adversidade e continuou seu caminho buscando novos amigos e novas diversões.

5 – "Bem-aventurados os que choram, porque serão consolados" (presente em *O Sermão da Montanha para crianças*)
Temas: soluções alternativas, as escolhas e suas consequências, ação positiva (resolver o problema), sentimentos, confronto entre o desejo e a possibilidade.

Resumo: o bezerro sai pela fazenda procurando alguém para brincar e depara com duas situações diferentes – o patinho que escolhe ficar com raiva porque seu pai não lhe deixou fazer o que queria e o cavalinho que, sentindo-se triste, optou por resolver seu problema em vez de cultivar sentimentos ruins. No final da história, observa-se, pelas consequências das escolhas de cada um, quem teve a melhor atitude diante do conflito.

6 – "Bem-aventurados os mansos, porque eles herdarão a Terra" (presente em *O Sermão da Montanha para crianças*)

Temas: amizade, coragem de enfrentar os problemas, união, agressividade, soluções pacíficas.

Resumo: um bando de ovelhas resolve partir de onde moram em busca de um lugar melhor para viver. Encontram um lindo e farto pasto, mas que é guardado por um lobo. Diante do problema, as ovelhas são obrigadas a optar entre partir novamente, tomar o local à força ou dialogar com o lobo.

7 – "Bem-aventurados os que têm fome e sede de justiça, pois serão saciados" (presente em *O Sermão da Montanha para crianças*)

Temas: fé e otimismo, oportunidade e escolhas, afinidade de sentimentos e atração.

Resumo: em uma loja de animais, os bichos esperam ser adotados. Cada um enfrenta as dificuldades de maneira diferente, e a maioria pauta suas ações em sentimentos negativos. O gatinho, porém, recusa-se a sentir-se mal e, com postura otimista, irradia simpatia, atraindo a atenção de quem entra na loja. Discute-se a influência do pensamento em nossas ações e, consequentemente, em nossa vida.

8 – "Bem-aventurados os misericordiosos, pois obterão misericórdia" (presente em *O Sermão da Montanha para crianças*)

Temas: solidariedade, autocuidado, necessidade de auxílio mútuo, previdência.

Resumo: dois filhotes de urso observam a natureza e, vendo as ações de animais como a formiga, a cigarra e alguns passarinhos, questionam o pai a respeito do conceito de bondade.

9 – "Bem-aventurados os puros de coração, pois verão a Deus" (presente em *O Sermão da Montanha para crianças*)
Temas: felicidade, ambição.

Resumo: os tradicionais personagens da fábula "A lebre e a tartaruga" tornam-se amigos e saem a passear pelo mundo, competindo para ver quem consegue realizar a viagem mais interessante. A lebre, na ânsia de conhecer muitos lugares, não absorve praticamente nada da viagem; já a tartaruga tem a oportunidade de conhecer detalhes encantadores de tudo que viu.

10 – "Bem-aventurados os pacificadores, pois serão chamados filhos de Deus" (presente em *O Sermão da Montanha para crianças*)
Temas: o falar e o fazer, reflexão sobre as próprias atitudes, paz interior e paz social, preconceito, acontecimentos e oportunidades.

Resumo: a história fala de um incêndio na selva causado pela briga entre os animais. A águia pretende ajudar, mas, sem confiar em ninguém, não se decide a atingir seu objetivo. Quando se encontra com a pomba, descobre que a paz nunca vai se iniciar por intermédio de ações externas, mas, por meio da modificação interior.

11 – "Bem-aventurados os que são perseguidos por razões de justiça, pois deles é o reino dos céus" (presente em *O Sermão da Montanha para crianças*)

Temas: preconceito (agir com conhecimento de causa, relatividade dos conceitos), cooperação.

Resumo: uma comunidade de micos-leões-dourados decide se reunir com amigos para descobrir a causa da extinção da raça e tomar as medidas necessárias para se proteger. Descobrem, durante a discussão, que eles provavelmente eram perseguidos por ser diferentes. Resolvem se unir para solucionar o problema e mudar de atitude para não discriminar mais ninguém.

12 – *O jacaré e o sapo*
Temas: paciência, aceitação das diferenças (respeito), polidez.

Resumo: o jacaré e o sapo se encontram, mas não conseguem se entender porque, sendo muito diferentes, um se acha melhor que o outro. No final, o encontro entre os dois permite-lhes refletir sobre as diferenças individuais.

13 – *Como o dromedário ganhou uma corcova*
Temas: necessidade do trabalho individual para realizações coletivas; polidez.

Resumo: a lenda conta como, por causa da preguiça, o dromedário adquiriu uma corcova e porque ele passa três dias sem comer.

14 – "O velho, o menino e o burro" (presente em *Fábulas de Esopo*)
Temas: autonomia, diversidade de opiniões e necessidade de discernimento.

Resumo: um fazendeiro, necessitando ir à cidade, parte com seu filho e o burro. Dando atenção ao comentário das diferentes pessoas que encontra pelo caminho, o fazendeiro não consegue decidir quem deveria montar o animal.

15 – *A formiga e a pomba*
Temas: ação e reação; necessidade da cooperação.
Resumo: tendo a formiga caído no rio, gritou por socorro e foi socorrida pela pomba. Mais tarde, a pomba se vê em uma situação difícil e acaba sendo auxiliada pela formiga.

16 – "O cão e o osso" (presente em *Fábulas de Esopo*)
Tema: ambição.
Resumo: um cão que carregava um osso, vendo sua imagem refletida na água, pensa se tratar de outro cachorro e decide que aquele osso também seria seu. Nessa atitude egoísta, ele depara com uma consequência desagradável.

17 – *O menino e a baleia*
Temas: pensamento alternativo, preservação da vida, preservação da natureza, busca de ideais, cooperação, conflitos interpessoais e não violência, persistência.
Resumo: essa lenda japonesa fala do esforço do filho de um baleeiro para salvar uma baleia encalhada e de como, por sua persistência, ele obtém o que desejava, além de provocar grandes mudanças no pensamento da comunidade.

18 – "A coruja e a águia" (presente em *Fábulas de Esopo*)
Temas: diversidade de ideias (relatividade dos conceitos), respeito às diferenças, necessidade da paz para o convívio social.
Resumo: a coruja e a águia, na ânsia de obter paz, combinam que a águia não comeria mais os filhotes da coruja. Um imprevisto atrapalha os planos das duas e a águia mostra-se incapacitada de reconhecer os filhotes da coruja, uma vez que ambas as aves não têm os mesmos parâmetros de comparação.

19 – *Maria-vai-com-as-outras*
Temas: autonomia, diversidade de opiniões e necessidade de discernimento.
Resumo: história de Maria, uma ovelha que, sem ter opinião própria, imita sempre as ações das outras ovelhas, sem parar para pensar nas consequências. Até o dia em que ela resolve ser feliz.

20 – *Jibobinha*
Temas: aceitação de si mesmo, diferenças individuais.
Resumo: Jibobinha era uma cobra que não se aceitava como era e tentava a todo custo ser diferente. Com a ajuda da coruja, ela obtém a autoaceitação.

21 – *A casinha do tatu*
Temas: relatividade das posições sociais, preconceito, cooperação, polidez.
Resumo: história da prepotência de uma raposa que pretendia ser melhor que os outros animais. Em um dos seus desmandos, ela vende um terreno ao tatu e depois não permite que este construa uma casa ao lado do seu palácio.

22 – *Romeu e Julieta*
Temas: preconceito (aceitação das diferenças); cooperação.
Resumo: história de borboletas que, por suas características físicas, viviam em comunidades separadas são obrigadas a se unir para encontrar seus filhos desaparecidos, dando fim a um preconceito sem fundamento.

23 – *Lobos contra lobos*
Temas: necessidade da paz para a preservação da vida, soluções pacíficas (negociação), soluções alternativas.

Resumo: dois lobos, invocando a ajuda de amigos, disputam o território que, por coincidência, marcaram juntos, um por cima do outro, sendo obrigados a procurar uma solução para o problema.

24 – *A toupeira e os saguis*
Temas: respeito (aceitação das diferenças), enfrentamento dos problemas, soluções alternativas, negociações pacíficas.
Resumo: vizinhos, a toupeira e os saguis são obrigados a procurar entendimento a fim de facilitar a convivência. Com bom humor, os autores mostram que fugir dos problemas não nos isenta de complicações.

25 – *A minhoca e os passarinhos*
Temas: soluções pacíficas (necessidade da paz para o convívio social), negociação (soluções alternativas), reconhecimento dos próprios limites.
Resumo: dois passarinhos encontram, ao mesmo tempo, uma minhoca. Discute-se no texto como procurar uma solução pacífica que satisfaça ambos.

26 – *O gato e o rato*
Temas: preconceito, calúnia, injustiça, cooperação, amizade, soluções pacíficas.
Resumo: um gato perdeu o seu queijo e, sem maiores reflexões, acusa o rato e induz os amigos à mesma atitude injusta. Se acusar sem saber não é solução, qual seria a melhor solução?

27 – *Os camelos e o dromedário*
Temas: diferenças (características), preconceito, polidez.

Resumo: camelos e dromedários, ao encontrarem-se ocasionalmente, precisam enfrentar suas diferenças, buscando a aceitação mútua para conviver.

28 – *O porcão e o porquinho*
Temas: cooperação, violência *versus* soluções pacíficas, polidez.
Resumo: um porco muito grande vive abusando de suas vantagens físicas para intimidar um porquinho e obter subserviência. Inesperadamente, movido pelo medo, o porquinho coloca o porcão em uma situação bem difícil. Discutem-se na história as vantagens e desvantagens da coerção e da cooperação.

29 – *Anita Bocadura*
Temas: polidez, amizade.
Resumo: Anita ganhou o apelido de Bocadura por ser incapaz de uma palavra ou ação gentil. Com a ajuda de um amigo, descobre que, com gentileza, podemos conseguir muitos amigos e mudar nosso estado de espírito.

30 – *A descoberta de Roberta*
Temas: solução de problemas interpessoais por meio do diálogo.
Resumo: Roberta é uma menina bem parecida com as crianças que temos em nossas salas de aula. Com a ajuda da mãe, que pouco a vê porque trabalha fora o dia inteiro, tenta entender e resolver os problemas que a deixam de mau humor e entristecem o seu dia.

31 – *Nós*
Temas: solução de problemas interpessoais (formação de mágoas), aceitação das diferenças, preconceito, provocação.
Resumo: nessa história muito simbólica, o personagem principal sente nós em seu corpo toda vez que é provocada. Ela encontra

um amigo que, aceitando-a como é, ensina-a a desatar nós, entre outras maneiras, com palavras e frases gentis.

32 – *Matias e as pedras mágicas*
Temas: cooperação *versus* egoísmo, cuidados com o meio ambiente, amizade.

Resumo: Matias e seus amigos são ratos que precisam de recursos auxiliares para enfrentar as condições adversas do lugar onde vivem. O autor escreve dois finais: no primeiro, todos se unem em favor da preservação da vida e do local que os abriga; no segundo, em atitudes egoístas e muito ambiciosas, os ratinhos destroem a ilha que habitavam.

33 – *Amigos*
Temas: amizade, aceitação das diferenças.

Resumo: vendo-se obrigado a mudar de comunidade, um coelhinho sente dificuldade de conseguir amigos, considerando todos muito chatos. Em determinado momento, com a ajuda da mãe, ele descobre que o problema não estava nos outros, e sim nele, que não aceitava as diferenças.

34 – *O homem que amava caixas*
Temas: família, autoexpressão, personalidade, relacionamento pai-filho.

Resumo: um garoto ressente-se da falta de atenção do pai – que, a seu ver, só se preocupa em trabalhar. Um dia, ele percebe que é amado, embora o pai expresse esse sentimento de maneira diferente.

35 – *Não fui eu! Aprendendo sobre honestidade*
Tema: honestidade.

Resumo: a história focaliza uma garota que nunca assume os atos que pratica e as possíveis consequências deles.

Procedimento específico

O módulo de reflexão sobre valores foi realizado concomitantemente ao EPRP.

O planejamento envolvia os projetos exigidos oficialmente pela Secretaria da Educação e pela direção da escola, como "Combate à dengue" e "Reciclagem do lixo". Fazíamos exercícios de alfabetização seguindo o livro adotado pela escola, visando acompanhar a outra classe em seu projeto pedagógico, mas tínhamos como trabalho central os projetos desenvolvidos tendo em vista a literatura infantil, o que possibilitava a discussão de valores. Em torno de cada história, desenvolvíamos a reflexão, dramatizações, atividades de educação artística e exercícios de alfabetização e língua portuguesa. As histórias foram trabalhadas, em média, durante uma semana, nos meses de março a outubro – ou seja, praticamente todo o período letivo.

Inicialmente, a história era lida ou contada de maneira motivadora, sempre estimulando e aferindo o interesse das crianças, mantendo-as curiosas e interessadas.

Em seguida, ou mesmo durante a leitura, abria-se espaço para discussão, sempre monitorando para que as crianças sentissem confiança em expor ideias e sentimentos a respeito dos personagens e fatos narrados. Cuidávamos para que nenhuma criança fosse diminuída ou ridicularizada por suas expressões, por mais absurdas que parecessem à primeira vista. As respostas aos questionamentos eram vistas como indicadores do nível de entendimento, envolvimento e reflexão das crianças.

Para estimular o diálogo, colocavam-se questões que favorecessem o entendimento do enredo e discutiam-se as ações dos personagens, os fatores do ambiente que influenciaram o desenvolvimento dos fatos, os sentimentos dos envolvidos e o que poderia ter sido diferente ou não.

Muitas vezes, a história era interrompida no ponto mais crítico e pedíamos a opinião das crianças, para que elas tivessem a oportunidade de "ajudar" o personagem a escolher a melhor solução para o problema. Quando as opiniões se esgotavam, seguíamos com a história verificando a sequência dos fatos.

De outras vezes, as histórias eram interrompidas para que aplicássemos ao enredo os passos do diálogo EPRP, exposto no Capítulo 5:

- ➤ Definição do problema (Qual é o problema? O que está acontecendo?)
- ➤ Como vocês acham que ele/ela está se sentindo?
- ➤ O que vocês acham que pode ser feito?
- ➤ Vocês acham que o que ele/ela fez foi uma boa ideia?

As ações dos personagens eram analisadas não como "boas" ou "ruins", "feias" ou "bonitas", "certas" ou "erradas", "educadas" ou "mal-educadas", mas segundo os conceitos do EPRP, que destaca as boas ideias em relação a consequências, intenções, sentimentos e empatia, sempre contextualizadas no convívio social.

Sempre que uma história era contada, alguma atividade lúdica ou interativa era desenvolvida em seguida. Por exemplo, depois da narrativa de *Lobos contra lobos*, que envolve grupos de personagens, a história foi recontada várias vezes, ao mesmo tempo que as crianças iam representando; essa estratégia permitiu a participação de todos os alunos que assim o desejassem.

Como já foi mencionado, as histórias eram trabalhadas integradas aos conteúdos pedagógicos e, dependendo da ocasião, em acordo com as lições formais do EPRP. O processo de alfabetização e o ensino de conteúdos, sempre que possível, estavam ligados ao tema das histórias narradas, utilizando-se para tanto palavras cruzadas, reescrita de histórias, caça-palavras, ditados, montagem de palavras com o alfabeto móvel, jogo da forca e assuntos de ciências pertinentes, entre outros.

O propósito era que, em cada história, além das atividades pedagógicas, fossem desenvolvidas reflexões sobre a atitude e os sentimentos das pessoas, bem como atividades interativas que favorecessem a tomada de perspectiva.

Apresentamos, a seguir, uma história em torno da qual foi possível desenvolver um trabalho bem completo de discussão de valores, exercício de empatia e integração com o EPRP, tanto nas interferências descontextualizadas que as crianças fizeram quanto na busca de soluções alternativas.

Exemplo: história Maria-vai-com-as-outras

Trata-se da história de uma ovelhinha que não tinha opinião própria; tudo que as ovelhas do bando dela faziam ela fazia também, mesmo que não gostasse ou que fosse se machucar. Até o dia em que ela resolve pensar nas consequências de seus atos e muda o jeito de agir, deixando de seguir as amigas quando não interessava e procurando fazer aquilo de que gostava e não a prejudicasse.

Relato – Dispus os vários cenários na lousa e fui contando a história e colocando as diferentes imagens da "Maria-vai-com-as-outras" que eu havia feito de acordo com as cenas. À medida que eu falava, as crianças ficavam gritando e fazendo coro em determinadas partes, fazendo perguntas e dando opiniões de maneira muito desordenada; tive de me esforçar muito para contar a história com um mínimo de interrupções. Quando terminei, eles pediram que eu contasse outra vez. As crianças estavam agitadas e achei que não conseguiria discutir o assunto naquele dia, mas elas começaram a levantar as mãos, seguindo o combinado, querendo opinar, e eu aproveitei a brecha para discutir o assunto.

Maria – Tia, eu acho que no final ela fez certo, só porque as outras fizeram ela ia fazer também pra quebrar a perna?

Eu – Muito bem, ela vai fazer alguma coisa pra se prejudicar, né, Maria?

Muitos começaram a falar e eu cobrei a regra.

Laira – Se ela pular e quebrar a perna, ela não vai poder andar nem sair pra comer.

Eu – Então eu vou fazer uma pergunta pra vocês: por que vocês acham que a Maria ia sempre atrás das outras?

Maria – Porque ela gostava delas.

Eu – Muito bem, Maria, ela ia atrás das outras porque gostava das outras ovelhinhas. Vou fazer outra pergunta: se ela deixar de fazer o que as outras ovelhinhas querem, as outras ovelhinhas vão deixar de gostar dela?

Começaram a gritar desgovernadamente outra vez e cobrei a regra novamente.

Maria – Ô, tia, se fosse ela que ia e as outras ovelhinhas iam atrás dela, ela pulava e as outras pulavam e todas machucavam, aí ela ia falar: coitadas, elas quebraram as perninhas porque pularam atrás de mim!

Eu – Muito bem, Maria... (Marcela começou a bater palmas sorrindo e olhando para a classe ; chamei-lhe a atenção dizendo que a brincadeira fora de hora dela estava atrapalhando, e continuei.) Ouçam o que a Maria está dizendo, que se tivesse sido ao contrário, se a "Maria-vai-com-as-outras" tivesse pulado sem se machucar e as outras ovelhas tivessem pulado e se machucassem, ela ia ficar com pena delas. Agora respondam à minha pergunta: se ela deixar de fazer o que as amiguinhas querem as amiguinhas vão deixar de gostar dela? (Alguns responderai que sim, outros, que não; aproveitei para empregar a palavra "talvez" – ensinada no EPRP.) Talvez sim, talvez não. Vamos fazer de conta que as ovelhinhas deixaram de gostar dela. O que é mais importante: ela sair por aí se machucando e ajudando as amiguinhas a também se machucar ou passar a fazer coisas de que gosta e arrumar outras coisas para fazer com os amigos? O que é mais importante?

Maria – Tia, se a "Maria-vai-com-as-outras" ficar indo atrás das outras e ficar se machucando, ela não vai aprender a ser médica. (Essa aluna sempre dizia que queria ser médica quando crescesse.)

Eu – Isso mesmo, se ela ficar andando atrás das outras sem pensar, ela não vai ter futuro.

Nice – Ela só vai poder ficar brincando.

Eu – Ela não vai ter futuro pra fazer uma coisa séria. E se as amigas deixarem de gostar dela o que ela pode fazer?

Marcela – Chorar.

Eu – Esta é uma ideia, o que mais?

Criança (alguém gritou) – Ficar triste.

Eu – Esta é outra ideia.

Chamei a atenção da classe, que estava falando muito. Pedi ao Israel que tivesse respeito e disse a Marta que ela não tinha o direito de atrapalhar a aula. Continuei, como se nada tivesse acontecido.

Eu – Vocês me deram duas ideias, chorar e ficar triste. Será que ninguém tem uma "boa ideia" para esta ovelha fazer? Fala, Nice...

Nice – Ela pode arrumar outros amiguinhos.

Eu – Muito bem, ela pode arrumar novos amigos. Vocês acham que é uma "boa ideia" ficar andando atrás de amigos que fazem a gente se machucar? Que atrapalham o sonho da gente, que pode ser, por exemplo, de virar médico?

Crianças (em coro) – Não!

Janaína – Ela pode falar: "Ah, eu tenho coisa melhor pra fazer".

Eu – Muito bem, Janaína, vocês já me deram quatro ideias diferentes: chorar, ficar triste, fazer novos amigos e procurar coisa melhor pra fazer, muito mais gostoso do que ficar pegando gripe, insolação e comer coisa de que não gosta, né?

Janaína – Ela pode fazer assim, chamar os amigos pra brincar em vez de quebrar tudo.

Eu – Muito bem...

Perguntei às crianças, que estavam agitadas e insistiam em conversar entre si, como elas gostariam que os colegas fizessem se fossem elas que estivessem falando. Perguntei se era possível ouvir todos ao mesmo tempo. Qual era a regra? Eles responderam e eu continuei.

Laira – Tia, ela pode ir ajudar a mãe dela.

Eu – Muito bem, Laira, até sozinha tem coisas gostosas pra fazer, sem ser coisas que machucam.

Wilson – Ela pode falar pros amigos não fazerem mais aquilo.

Eu – Isso, Wilson, você me deu outra ideia. Falar para as amigas não fazerem aquilo porque elas vão se machucar.

A conversa estava se alongando e se tornando pouco produtiva. Dei uma folha para cada um fazer um desenho e falei que quem quisesse poderia me dizer, na hora de entregar o desenho, qual era a sua opinião a respeito do assunto.

Não voltei a discutir o assunto com a classe, a não ser no dia em que o Hugo e o Guto ficaram bagunçando na aula de capoeira e o professor suspendeu os dois.

Guto – Foi o Hugo que mandou!

Eu – Você fez igualzinho à "Maria-vai-com-as-outras". Agora o Hugo está com "as perninhas quebradas", quer dizer, ele está proibido de assistir aula de capoeira e quem fez o que o Hugo mandou também, então os dois vão ficar com "as perninhas quebradas" dentro da sala de aula.

Nessa lição da "Maria-vai-com-as-outras", surgiu uma série de oportunidades para trabalhar com as crianças dentro do objetivo proposto. Em geral, elas se agitam quando lhes é solicitada a opinião a respeito de determinado assunto, quando não são chamadas imediatamente, quando não se sentem encorajadas a se expor ou mesmo quando fazem relações indiretas entre os assuntos e acabam se dispersando, começando a conversar entre si. No exemplo anterior, foi necessário chamar a atenção das crianças várias vezes. Isso foi realizado de maneira diferente do que se costuma fazer em geral, quando simplesmente se exige que a criança interrompa o diálogo. Utilizando-se o princípio da justiça associado a uma rotina em que impera a coerência entre palavras e atos, a cooperação que se obtém a seguir é suficiente para que a classe cresça em colaboração durante os momentos de maior concentração. A lógica das regras leva a criança a lidar melhor com as situações das quais ainda não tem completo domínio, e ela consegue se controlar mais. Os alunos são constantemente instados a se colocar no lugar do outro, projetando-se na situação.

Mais uma vez, não são simplesmente o "não" e a inibição do movimento que agem como reguladores do comportamento; a mediação passa por sensibilização (colocar-se no lugar do outro), racionalização (é necessário ordem para que todos consigam falar) e pela solução alternativa (todos podem ter a sua vez).

Inicialmente, as crianças não foram capazes de oferecer soluções alternativas, pensando apenas em consequências desagradáveis para a ovelha que não se dispusesse a seguir as outras: chorar e ficar triste. A mediação buscou fazer que as crianças refletissem sobre as diferentes possibilidades de ação do personagem, sem impor as ideias do "senso comum" ou consideradas "moralistas".

Assim como as histórias são fundamentais para os alunos desconstruírem esquemas elaborados em situações que desfavorecem o convívio social, elas devem ser vistas por pais, professores ou qualquer outro cuidador que se disponha a discutir valores humanos como uma oportunidade para revisar seus próprios valores. Desconstruir o que elaboramos ao longo de uma vida não é fácil, daí a importância de mantermos a mente aberta, com disposição para ouvir o ponto de vista de outras pessoas a respeito das histórias e dos valores que serão discutidos. Os nossos pontos de vista não são únicos, muito menos intocáveis, como se pode ver no exemplo a seguir. Ele relata o trabalho com a primeira história que a professora decidiu abordar; no entanto, por conta de uma divergência na discussão dos valores, a professora só se sentiu capacitada para discuti-la anos depois.

Exemplo: história A galinha ruiva

A galinha solicita a ajuda de seus amigos para plantar, colher, tratar o milho e fazer bolo, mas eles se recusam. No final, a galinha oferece um pedaço de bolo e todos aceitam, mas ela diz que, como eles não trabalharam, não vão comer.

Relato – Ao decidir acerca da primeira história a ser trabalhada, escolhi *A galinha ruiva* por vários motivos: a discussão de valores era aparentemente óbvia e trazia um ensinamento moral bem explícito: quem não trabalha não come! Além disso, os personagens da história favoreciam o trabalho pedagógico com projetos, como trabalhar o nome dos bichos, o ambiente rural, a reescrita de uma história curta, entre outros motivos. Comentei com a orientadora do trabalho a respeito da escolha e desenvolvemos o seguinte diálogo:

Orientadora – Cuidado com essa história!
Professora – Por quê?
Orientadora – Você não acha que a galinha foi vingativa?

Professora – Vingativa?! Mas os amigos dela não queriam trabalhar!

Orientadora – Mesmo assim! Ela esperou o bolo ficar pronto para se vingar dos amigos dizendo que eles não poderiam comer...

Respeitosa, mas não convencida, guardei a história e escolhi outra. Anos depois, sentindo-me mais preparada para discutir com as crianças a respeito de qualquer história, mesmo que não tivesse mensagens óbvias e necessariamente pró-sociais, resolvi retomar o livro *A galinha ruiva* para verificar como seria a discussão com as crianças.

Contei a história e solicitei a participação dos alunos, que iam fazendo coro nas falas repetidas dos personagens. No final, perguntei o que eles acharam do que a galinha fez. A maioria concordou com a solução da história, dizendo que ela estava certa; se os bichos não ajudaram, eles não comem. Insisti na pergunta:

Eu – Todos concordam? Eles vão ficar sem comer, vão ficar com vontade?

Luís – Eu não acho que ela estava certa.

Eu – Por que não, Luís?

Luís – Eles são amigos dela. Ela tem que dar o bolo.

Eu – Mas eles não trabalharam.

Luís – É...! Então faz assim, ela dá um pedacinho pra eles não ficarem com vontade, mas quando eles pedirem mais ela fala que aquele agora era dos filhos dela, que da próxima vez se eles quiserem mais e comer bastante têm de ajudar.

Depois de refletir sobre a fala dessa criança, entendi que a justiça não exclui a generosidade e que não é necessário sermos inflexíveis para atuar com justiça e equanimidade. O difícil do trabalho, como se pode observar, não foi a técnica, mas uma postura intransigente por parte da professora, muito centrada em seus princípios, o que dificultava a visualização de outras soluções, sem abrir mão do princípio da justiça. Dar a oportunidade aos alunos para constantemente se expressar sem ser criticados permitiu a uma criança de 6 anos expor seu ponto de vista, mesmo indo contra a maioria dos colegas, e se sentir confiante para contrariar o questionamento da professora com uma resposta sábia, justa e generosa.

Como já dissemos, a seleção das histórias no dia a dia se efetivava de acordo com a necessidade pedagógica (possibilidade de exercícios de alfabetização e de desenvolvimento de projetos) ou de debater algumas atitudes e os valores nelas embutidos. Seguem exemplos de como se desenvolveram a discussão e o trabalho pedagógico com histórias escolhidas segundo esses dois critérios.

Exemplo: história Lobos contra lobos *(Coleção Violência, não!)*
Em uma disputa por território, os lobos criam muitas confusões. A obra convida os leitores a ajudar a escolher a melhor solução para o problema. A ênfase é no uso da não violência e c negociação como solução para os problemas.

Relato – Li a história e as crianças me pediram para fazer te: tro. Achei uma boa ideia porque os textos são curtos, simples, e teatro favoreceria a fixação da história, bem como o entendiment dos diferentes papéis e a empatia com os vários personagens. Du rante a dramatização, discutimos as diferentes possibilidades d ação dos lobos e suas eventuais consequências, opinando a respei to de qual solução seria uma boa ideia e de qual não seria.

Em seguida, iniciei um estudo sobre animais com as crianças. Elas fizeram cartazes classificando os bichos que acharam nas revistas em: mamíferos, animais marinhos, insetos e moluscos (animais encontrados). Essa série de livros, Violência, não!, tem por personagens diferentes animais, o que facilita o trabalho de ciências com os alunos.

Relato (outro dia) – Relembrei a história com as crianças e escrevi um pequeno texto na lousa para ensiná-las a usar pontuação.

Relato (outro dia) – Brincamos de "forca" com os nomes dos animais do cartaz que as crianças fizeram no dia anterior, no qual estão incluídos os personagens das histórias da série Violência, não! O objetivo da brincadeira é fazer que as crianças reflitam sobre a estrutura das palavras.

Aqui, usamos uma história que facilitaria o trabalho pedagógico. O próximo exemplo ilustra a escolha de uma história tendo em vista a necessidade de discutir atitudes observadas em sala de aula, da perspectiva dos valores envolvidos.

Exemplo: história O gato e o rato *(Coleção Violência, não!)*

Em uma sala de aula do ensino fundamental, principalmente com crianças tão pequenas, é comum que materiais desapareçam. Estavam acontecendo seguidas confusões justamente pelo fato de as crianças acusarem o colega mais próximo, que não lhes era muito simpático ou já tivesse pegado algum material sem permissão. Procurei utilizar o diálogo EPRP diversas vezes e as confusões não diminuíram. A história O *gato e o rato* foi escolhida com base nessa situação.

Nessa história, um gato que zelava por seu queijo acaba adormecendo e o queijo some. Imediatamente ele acusa o rato e convida seus amigos a depor, não para ajudá-lo a resolver o problema, mas para acusar o rato, e todos endossam a injusta acusação. No fim, sem conseguir achar o queijo, ele pede ajuda para achá-lo e descobre que o rato era inocente.

Relato – Li a história até o ponto em que surgiu o problema: o queijo sumiu. Nesse momento, procurei ouvir o que as crianças achavam que tinha acontecido e o que o gato fez. Não obtive nenhuma resposta pró-social, todas as respostas acusavam o rato; apenas uma das crianças achou que tinha sido outro gato. Li o resto da história dramatizando a voz. Maria ficou agitada o tempo inteiro, não conseguiu ficar sentada. Justamente ela era a "suspeita" mais frequente quando sumiam materiais na sala de aula. Interrompi a leitura e disse que ela não estava se controlando. André pediu para fazer o teatro. Aprovei a ideia e permiti que todas as crianças que quisessem representar participassem. Como eram muitas, organizei-as em grupos para que ninguém ficasse sem oportunidade. Antes de iniciar o teatro, conversei com elas.

Eu – Vocês acham que acusar o rato foi uma boa ideia?

Crianças (em coro) – Não!

Eu – É, eu também acho que não! O gato não viu, ele não tinha provas. Como vocês se sentem quando alguém acusa vocês sem ter provas e vocês não fizeram nada?

Alguns gritaram que tristes; outros, que bravos.

Eu – Talvez tristes, talvez bravos. Ninguém gosta de ser acusado injustamente e sem provas.

Comentei a parte em que o gato chama os amigos para servir de testemunha e eles afirmaram que o rato é culpado sem ter visto o que aconteceu.

Eu – Vocês já viram acontecer isso?

Crianças (em coro) – Já!

Eu – Os bichinhos foram justos?

Responderam que não e começaram a contar casos em que eles foram injustiçados. Comentei a parte em que o gato pede ajuda para resolver o problema, eles me interromperam e começaram a contar outros casos. Lembrei que às vezes dizemos uma coisa, outra pessoa ouve e repete de forma distorcida, espalhando inverdades. Enfatizei a necessidade de tomarmos cuidado com o que dizemos e chamei a atenção para os sentimentos das pessoas caluniadas.

Depois do trabalho com essa história, sempre que alguém perdia o material e começava a acusar um colega, eu perguntava: "Você viu?" Logo o diálogo tornava-se produtivo e resolvia-se o problema negociando-se a colaboração dos colegas. Praticamente terminaram as grandes confusões – conflitos continuaram existindo, mas sendo resolvidos pacificamente e, muitas vezes, entre eles mesmos, sem que solicitassem minha ajuda.

Essa história foi importante para as crianças desconstruírem alguns esquemas predefinidos que tinham fixado ao longo de sua trajetória escolar, bem como para formar outros com bases mais justas, como: acusação exige provas; ninguém pode ser considerado eternamente infrator; colegas não têm de apoiar os amigos em qualquer situação, mesmo correndo o risco de ser injustos.

A semelhança com os fatos acontecidos quase diariamente na sala de aula e a solução errônea (com as quais as crianças concordavam) a que foram induzidas no início da história mostraram que é impossível saber como os fatos acontecem sem pesquisar a seu respeito ou apreendê-los empiricamente.

No módulo de iniciação aos valores humanos, as crianças são expostas a possibilidades de escolha e sua autonomia é incentivada. Além disso, elas têm oportunidade de exercitar, durante a narrativa das histórias, a capacidade de colocar-se no lugar do outro, num exercício de empatia importante para a generosidade. Esta é uma virtude quase tão importante quanto a justiça na convivência social, pois fornece ao outro não o que lhe é de direito, mas aquilo que pode facilitar a vida de cada um.

Obviamente, o professor tem papel fundamental na mobilização de sentimentos pró-sociais durante as narrativas e a discussão das histórias – e também no cotidiano. Aos professores que se dispõem a trabalhar com o comportamento moral é oportuno lembrar que nenhuma metodologia, quando aplicada com indiferença, obtém o mesmo efeito de quando se trabalha com empolgação, comunicando emoções. Assim, não necessariamente os professores precisam dramatizar e utilizar os recursos expostos aqui, mas é preciso que cada um procure estratégias que facilitem o vínculo com as crianças e despertem as emoções dos envolvidos, motivando-os, no mínimo, a refletir sobre o tema abordado.

Promovendo o poder: desenvolvimento do autocontrole

Quando nos referimos, no Capítulo 6, às situações contingentes que são capazes de subjugar os valores humanos aceitos por uma pessoa, admitimos que o autocontrole é uma importante habilidade social (Del Prette e Del Prette, 2005) que atua como mediador da possibilidade de ação concordante com os valores assumidos.

Assim, coloca-se um novo componente na compreensão da distância que separa o saber fazer, ou seja, ter condições cognitivas para agir moralmente diante de conflitos interpessoais, e a ação em si. Além de "querer fazer" (motivação), é preciso "poder fazer". Muitas vezes, a criança tem condições cognitivas e motivação para agir de forma pró-social, mas não consegue, por serem as condições contingentes do ambiente superiores à sua capacidade de regular emoções negativas, liberando-se para a ação.

É provável que a habilidade de regular emoções negativas, como raiva e impaciência, desempenhe um papel importante na interrupção da agressão e da violência (Leme, 2004). Assim, merece atenção especial o módulo de intervenção para o autocontrole.

Ele inclui procedimentos para o controle da raiva e do estresse em momentos de grande agitação. O controle do estresse é praticado à medida que a criança aprende a identificar o que lhe provoca ansiedade.

O autocontrole foi introduzido na intervenção de duas maneiras:
a) controle da raiva individual no momento de uma briga ou discussão;
b) relaxamento com todos os alunos da sala de aula em momentos de muita agitação.

Procedimentos específicos

O manejo da raiva no plano individual foi introduzido na lição 18 do EPRP, quando abordamos o sentimento "raiva". Inicialmente, realizou-se um *brainstorming* e cada criança disse rapidamente como percebe os sinais da raiva no próprio corpo. Em seguida, foi apresentado um pequeno teatro de fantoches com um personagem criado por nós, o "leão nervosinho".

Nessa pequena encenação, o leão se apresentou e disse que tudo o deixa nervoso. Descreveu como o corpo dele ficava tremendo, disse que se sentia mal e brigava muito, resolvendo os problemas sempre "no tapa", "no chute". Afinal de contas, ele era mais forte que os outros! Até que um dia ele percebeu que estava ficando sem amigos; os colegas viviam falando dele e ninguém queria mais ficar perto dele nem chamá-lo para brincar, o que o deixou muito triste e frustrado.

Então, um amigo que estava sempre muito "calminho" (pode ser representado por qualquer fantoche), percebendo a tristeza do leão, perguntou o que aconteceu e disse que, se o leão quisesse, ele poderia ensinar como fazer para não se sentir tão bravo, brigar com todo mundo e ficar mal depois. O "leão nervosinho" gostou da ideia e quis aprender.

Nesse ponto da encenação, o leão interage com as crianças, perguntando:

– Vocês querem aprender como é que faz pra gente não ficar muito bravo e sair brigando com todo mundo? É assim, ó: quando estivermos com algum problema e esse problema deixar a gente com muita raiva ou com muito medo, ou muito tristes, nós temos que sair de perto do que deixou a gente assim, respirar cinco vezes e procurar alguma coisa, de preferência bem legal, pra fazer, até nos acalmarmos – só depois é que nós voltamos e tentamos resolver o problema que deixou a gente mal.

Depois de instruir as crianças no controle da raiva e do estresse, ele convida-as a praticar com ele:

– Vamos fazer juntos? Na hora da raiva, da tristeza ou do medo, a gente vai pro cantinho e respira fundo até se acalmar!

É preciso ressaltar que o professor, sempre que possível, deve servir de modelo positivo. Por exemplo, quando surge uma situação frustrante, ou irritante, seguir os passos:

➤ Como posso resolver isto?
➤ Preciso parar para pensar e ficar calma.
➤ Se for necessário, eu me afasto da situação.
➤ Eu vou respirar fundo.

A seguir, continuar como propõe o EPRP.

Depois da apresentação do módulo de manejo da raiva e do estresse às crianças, o gerenciamento do controle da raiva, no momento dos conflitos, torna-se um ingrediente muito importante do programa. Nessas ocasiões, as crianças são incentivadas a parar por alguns instantes e, se necessário, afastar-se do local do conflito, procurando respirar fundo até se acalmar. O diálogo EPRP nunca deve ser aplicado enquanto as crianças estiverem exaltadas.

Exemplo

Durante a aplicação do programa, sempre que eu precisava que as crianças me obedecessem, dava o comando combinado para que eles agissem; no caso de não ser atendida, eu invocava a explicação da regra aplicável no momento, como no exemplo abaixo:

Eu – Rose, eu estou tentando começar a aula e você não para de falar. Você acha que agora é uma boa hora para conversar?

Rose – Não!

Eu – Que horas vocês podem conversar?

Rose e as outras crianças juntas – Quando você não estiver explicando, ou quando a gente não estiver fazendo lição ou quando você falar que pode conversar no meio da lição.

Tentei reiniciar a explicação e não consegui por causa da mesma criança.

Eu – Rose, eu já falei com você duas vezes e ainda não consegui começar a aula. Você vai se controlar ou eu vou precisar ajudar? Se eu for ajudar, você vai ficar longe dos colegas até eu acabar a explicação. Vocês acham justo nós não conseguirmos começar a aula porque uma aluna não para de falar? (Em coro responderam que não.) Então, o que você escolhe?

Rose – Eu vou parar.

Raras vezes, quando usamos o padrão de diálogo descrito acima, foi preciso cumprir a ameaça de separar a criança dos demais colegas. Tendo regras firmemente estabelecidas, usando o senso de justiça para lembrar a criança do direito dos outros, ajudando-a a pensar em alternativas para a realização do seu desejo e colocando o controle da situação em suas mãos, a professora permitiu à criança perceber que ela gerencia a situação por meio das escolhas de comportamento que faz.

Ao longo do programa, percebemos a necessidade de trocar a frase "Você vai me obedecer?" por "Você vai se controlar?" A obediência implica um agente regulador externo (no caso, o professor), ao passo que o autocontrole se submete ao julgamento do próprio indivíduo, pressupõe autonomia, o que faz mais sentido quando pensamos nos objetivos do programa.

Exemplos de que, mesmo sendo tão pequenas, as crianças são capazes de se autogerenciar surgem a cada dia, sempre que lhes damos a oportunidade de assumir esse autocontrole – contanto que dentro dos limites do tolerável para sua faixa etária, para essa situação e tendo a professora constantemente como mediadora.

Exemplo
Entrei na sala de aula e, depois do diálogo inicial e de toda a preparação das atividades, pedi que abrissem o caderno e escrevessem a data. Nesse período, fui chamada pela coordenadora na sala ao lado. Pedi que eles cumprissem o combinado, pois voltaria logo, e perguntei:

Eu – Preciso colocar alguém para tomar conta de vocês ou cada um toma conta de si mesmo?

Crianças – Pode ir, tia! Cada um cuida de si.

Fui atender a coordenadora e, nesse meio-tempo, pelas caixas de som que são colocadas nas salas de aula, foi iniciada a preparação para tocar o Hino Nacional. Pessoas previamente indicadas falam, nesse momento, pelas caixas de som, a respeito de um assunto necessário e, em seguida, as crianças se colocam ao lado da carteira, em posição de respeito, e cantam o Hino Nacional. Entretida no assunto, não percebi que já haviam falado com as crianças e o hino já estava se iniciando. A diretora é exigente com essas normas e, quando notei, pedi licença à coordenadora e saí correndo para a sala de aula. Quando cheguei, estavam todos em pé, com o caderno aberto em cima da carteira, em silêncio absoluto, enquanto se ouvia a introdução do Hino Nacional.

Esse exercício constante de treino de habilidades sociais, autocontrole, respeito pelo professor e pelas regras e sensibilização pela situação do "outro" pouco a pouco vai construindo a autonomia por meio da internalização e, portanto, da legitimação das regras, tornando-os mais responsáveis e atuantes.

O manejo da raiva e do estresse coletivo, este último nos momentos de muita agitação da classe, foi praticado desde o início da intervenção (lição 18 do EPRP), independentemente dos outros módulos, sempre que surgia a necessidade, ou seja, quando os alunos estavam muito inquietos: nessas ocasiões, eram dedicados alguns minutos ao relaxamento.

Nas primeiras tentativas de relaxamento coletivo, foi difícil obter a colaboração de algumas crianças, que insistiam em brincar e agitar os colegas que tentavam relaxar. Isso é previsível, principalmente no início do ano, quando ainda não foi estabelecido um relacionamento de confiança entre as crianças e a professora. Na terceira tentativa, expliquei à classe o que é relaxamento e por que aquilo estava sendo feito com eles. Perguntei se eles se lembravam da lição em que nosso amigo leão comentou os sintomas do seu corpo quando está muito agitado. Expliquei-lhes que, se o corpo está muito agitado, a cabeça não consegue pensar direito, e por isso estávamos fazendo o relaxamento. Diante das dificuldades, comentou-se que algumas crianças não estavam seguindo as orientações dadas e aquilo estava prejudicando a elas e aos outros.

Exemplo
Criamos uma frase para ser usada, quando necessário, entre mim e as crianças ou entre elas mesmas. Relembrava-os sempre que surgia a necessidade:

Eu – Quando estamos com muita raiva, ou muito tristes, ou muito ansiosos, o que temos que fazer antes de tentar resolver o problema?

Crianças – Vai para o cantinho, respira fundo e depois volta.

Certa vez em que as crianças teimavam dentro da sala de aula, em uma situação de atividade mais livre, em fazer o que não deviam, olhei para elas e disse:

Eu – Ai, meu Deus! Vocês estão teimando e eu estou começando a ficar brava!

Um dos alunos olhou para mim e, sorrindo, replicou:

G – Então, professora, vai pro cantinho, respira fundo e depois você volta.

Esse pequeno diálogo confirma um dos pressupostos do programa de que a criança tende a exigir que as pessoas ao seu redor assumam o mesmo padrão de comportamento que o dela. Confirma também a expectativa, mantida pelos pequenos, de que os adultos sirvam de exemplo. A raiva faz parte dos sentimentos humanos e não pode ser negada, mas saber lidar com ela e com o estresse é premissa de saúde e fundamental para o bom gerenciamento das relações humanas. Como foi visto, nunca é cedo demais para ensinar uma criança a lidar com a própria raiva, aprendendo a transformar raiva em indignação.

Apesar da dificuldade de determinadas crianças em relaxar, no início do ano, a maioria demonstrava sentir-se bem com a prática e dava indícios de tentar fazer por conta própria em casa, como pode ser observado no seguinte episódio:

Exemplo

As crianças entraram na classe com muito calor.

Crianças – Professora, liga o ventilador!

Eu – Ah, não! Não está tão quente assim! Vocês estão com calor desse jeito porque estavam correndo e o corpo ficou muito agitado. Por que vocês não baixam a cabeça e relaxam um pouco?

July – Tia, faz o relaxamento com a gente?

Jéssica – Toda vez que faço o relaxamento com o meu cachorro ele dorme.

Eu – Não entendi, como é que é?

Jéssica – É, tia, toda vez que faço o relaxamento com meu cachorro ele dorme.

Outras crianças se manifestaram dizendo que faziam o exercício com o pai, com a mãe e com outros familiares.

No final do programa, a grande maioria das crianças fazia e mesmo pedia o relaxamento, principalmente quando voltavam do recreio. Nessa época, as crianças mais agitadas tentavam participar e muitas vezes conseguiam; quando não conseguiam, não atrapalhavam mais a classe.

QUESTÕES PERTINENTES À IMPLANTAÇÃO DO PROGRAMA

Evidentemente, um programa de intervenção como esse não objetiva solucionar todos os problemas de convivência que possam surgir na vida da criança, mas facilitar a ação dela diante das escolhas que tiver de fazer. Durante o trabalho, surgiram algumas questões pertinentes ao relacionamento entre as crianças e entre as crianças e a professora – como a dificuldade na prática da autonomia, a aceitação e a correção do erro como consequência e não como castigo.

O exercício da autonomia não é fácil nem para as crianças nem para nós que lidamos com elas, mas é importante para o sucesso da proposta. Muitas vezes, no início do programa de intervenção, a primeira autora se viu sem resposta para as soluções inadequadas que as crianças ofereciam perante determinada situação, simplesmente por não ser possível, diante da filosofia do que estava sendo proposto, ditar ordens e dizer o que deveria ser feito. Enfatizamos novamente que a ideia é que as soluções partam das crianças, a intenção é que elas tomem atitudes que demonstrem o processo de legitimação dos valores discutidos em sala de aula. As pessoas crescem despreparadas para lidar com o "erro" e não existe autonomia sem um bom entendimento dele.

Fatos interessantes aconteceram a respeito dessas situações, e o registro deles ilustra muito bem não só essas dificuldades, mas também as possibilidades de superação.

Exemplo
Sempre que os alunos entram em conflito e solicitam minha ajuda, chamo todos os envolvidos para fazer o diálogo EPRP ou questiono aquele que veio reclamar, ajudando-o a entender a situação, ou seja, verificar qual é realmente o problema, o que o está incomodando, como ele pode solucionar a questão. E, diante da impossibilidade de ser como queremos, as crianças são incentivadas a esperar uma oportunidade melhor, a não desistir tão fácil ou a buscar outra solução possível.

Hoje Janaína veio me questionar sobre o porquê de eu não interferir diretamente em vez de ficar "mandando" que eles resolvam e me acusou de não querer ajudar. Expliquei a situação resumidamente.

No dia seguinte, retomei o questionamento de Janaína quanto ao fato de eu não interferir diretamente quando eles vêm reclamar do colega.

Eu – Janaína, eu fiquei preocupada com o assunto porque percebi que você não estava me entendendo. Imagine assim, você chega perto da sua amiguinha e passa a mão no rosto dela pra brincar. Aí a sua amiga vem perto de mim e diz: "Tia, a Janaína tá me enchendo". Aí eu vou e digo pra você: "Janaína, quer fazer o favor de parar, vá sentar e para de amolar". Como você vai se sentir?

Janaína – Triste.

Eu – Você não vai gostar, não é? Se a sua amiga lhe disser: "Janaína, eu não gosto dessa brincadeira!", o que você pode fazer?

Janaína – Aí eu paro.

Eu – E aí, como é que você vai se sentir?

Janaína – Feliz.

Eu – Você vai se sentir melhor, não é? Bem mais feliz do que se ela vier reclamar de você pra mim. Se você prefere que os seus colegas falem com você e não comigo, ou com o papai, ou com a mamãe, ou com a diretora, eles também preferem. Se vocês resolverem os problemas de vocês entre vocês, em vez de reclamarem comigo, vão ser mais ou menos amigos?

Crianças (em coro, participando da conversa) – Mais!

Eu – Mais amigos. Um pode entender melhor o outro. Você entendeu o que eu quero? Ao contrário do que você disse ontem, não é que eu não queira ajudar, eu quero fazer o possível para que as pessoas gostem mais de vocês, pra que vocês sejam mais amigos. Quando vocês me dizem, como aconteceu há pouco, "Tia, ele não para de cantar o Hino Nacional atrás de mim e está me perturbando!", falaram certo, só que pra pessoa errada. Tem de falar pra quem?

Crianças (em coro) – Pra ele.

Eu – Pra quem tá cantando, pra que a pessoa tenha a oportunidade de fazer o quê?

Crianças (em coro) – De parar.

Eu – De parar. Ele talvez esteja cantando porque gosta de cantar, talvez porque esteja feliz, mas não sabe que está te incomodando. Se você falar, ele vai saber. Tá bom?

Outro exemplo interessante diz respeito ao princípio da tolerância, à aceitação do erro como possibilidade de quem procura agir para acertar. Quando questionadas acerca de consequências para quem não cumpre regras, as crianças costumam ser "duras" e a resposta vem sem pensar: "Põe de castigo". Em diversas ocasiões eu costumava questioná-las; assim, criamos uma espécie de jogral utilizado nas situações pedagógicas:

Eu – Errar pode?

Crianças – Pode!

Eu – Então o que é que não pode?
Crianças – Deixar errado.
Eu – Muito bem! Tem que corrigir.

A mesma postura deles de não aceitação do erro era utilizada com muito rigor nos julgamentos relativos a situações sociais. Assim, escolhemos a seguinte história para sensibilizá-los para a aceitação das diferenças entre as pessoas e do erro como possibilidade para aquele que age.

Exemplo: história Pedro e Tina

Essa história fala de duas crianças: Pedro – atrapalhado, distraído e que nunca faz as coisas como a maioria das pessoas – e Tina – menina que fazia tudo sempre perfeito. No fim da história, um aprende coisas diferentes com o outro.

Procurei analisar com as crianças por que Pedro era tão atrapalhado. Elas chegaram à conclusão de que Pedro não sabia muitas coisas e não prestava atenção. Tina, ao contrário, já tinha aprendido muitas coisas e ficava atenta a tudo. Pedro sempre fazia coisas diferentes do que já sabia, arriscava mais; Tina nunca arriscava, por isso também nunca errava. Discutimos que nenhum dos dois gostava de ser "muito certinho" ou "muito atrapalhado" e os dois começaram a aprender juntos: Tina aprendeu a brincar, a arriscar, a fazer coisas de maneira diferente; Pedro aprendeu coisas que ele já devia saber e não sabia e a prestar mais atenção. Enfatizei os sentimentos dos dois, os conceitos do EPRP e as diferenças entre eles. Em vez de brigar por suas diferenças, eles resolveram ser amigos.

Essa abordagem do "erro" é importante para que a criança consiga pensar em soluções alternativas, ou seja, em saídas para os problemas que não castigos.

Outro desafio no início do programa de intervenção foi não interferir no momento em que as crianças, diante da discussão de problemas, teimavam em dar soluções antissociais, como no seguinte exemplo:

Exemplo

Na Lição EPRP nº 48 – "O que mais ele pode fazer?" –, desenvolvi o conteúdo conforme o programado, mas avancei um pouco mais, introduzindo a discussão a respeito do que era e do que não era uma "boa ideia". A questão proposta era sobre uma criança que estava no supermercado com a mãe e queria um pacote de biscoitos. Perguntei o que a criança poderia fazer para consegui-los. Eles deram dez soluções alternativas e, dessas, só duas não foram consideradas uma "boa ideia". Para encerrar a atividade, pedi que desenhassem o problema e copiassem a frase que considerassem a melhor solução para o problema. Foram dadas as seguintes soluções:

1) Pedir.
2) Pedir por favor.
3) Amanhã você compra?
4) Eu estou com vontade de comer biscoitos!
5) Você compra e depois eu dou o dinheiro?
6) Eu quero um biscoito!
7) Não tem biscoito em casa.
8) O papai não está aqui, senão eu pedia pra ele! Você pode comprar?
9) Espernear no supermercado e gritar: "Eu quero! Eu quero! Eu quero!"
10) Pegar o biscoito escondido e sair.

Para minha frustração, embora quase todas as respostas dadas fossem pró-sociais, a maioria das crianças, na hora de desenhar e escrever a solução favorita, escolheu a última: "Pegar o biscoito escondido e sair". A ansiedade foi grande. Já havíamos discutido bastante a respeito dos sentimentos, ou da inconveniência dos comportamentos citados, e a solução escolhida foi a pior delas. Dentro da nossa proposta de desenvolvimento da autonomia, reprimir a escolha das crianças não estava na lista das ações que eu poderia desenvolver. Escolhi então a próxima história com base nessa situação.

No dia agendado, li a história escolhida – *Não fui eu!* – e permiti que as crianças respondessem às perguntas do texto. Procurei deixar claro que, ao longo do tempo, as mentiras vão sendo descobertas e, em consequência da atitude desonesta, surgem: a rejeição (perguntei se eles levariam para casa alguém que rouba), a desconfiança (se alguém que eles sabem que rouba ou mente disser que é inocente de alguma coisa, eles vão acreditar?) e os rótulos (sempre vão ser chamados de "sem-vergonha" e "ladrões" mesmo que sejam inocentes).

Para encerrar a discussão, coloquei no fim da aula a seguinte questão:

Eu – Vocês ou alguém de quem vocês gostam muito ficam doentes e vão ao Posto de Saúde. Chegando lá, não tem médico, e sabem por quê? Por que alguém roubou o dinheiro que era para pagar o médico. Como vocês vão se sentir?

Hugo disse que ia se sentir muito bravo, Luís comentou que a pessoa poderia até morrer. Outras crianças se mostravam indignadas.

Eu – Qual é a diferença entre roubar uma borracha, um pacote de biscoito, um lápis ou roubar o dinheiro do médico?

Ouvi o que eles tinham a dizer. As opiniões se dividiram: alguns diziam que o roubo do dinheiro do médico era maior; e outros, que era a mesma coisa. Encerrei a discussão dizendo:

Eu – Não tem diferença nenhuma, tudo é roubo! Só muda o tamanho do roubo.

Acreditar que a gravidade do roubo depende do tamanho da consequência é condizente com a fase de desenvolvimento em que essas crianças estão, e provavelmente aqueles que disseram que roubo é roubo em qualquer circunstância já estavam sensibilizados pela discussão que foi efetivada em torno do assunto. Este foi abordado de maneira indireta, sem expor as crianças; mas, trabalhando na zona de desenvolvimento proximal, ou seja, dentro do que é possível, já demos um passo a mais em direção ao desenvolvimento da moralidade, mesmo considerando-se que esse trabalho foi realizado com crianças bem pequenas.

O trabalho efetuado na sala de aula com ênfase no desenvolvimento moral obteve bons resultados, de acordo com a pesquisa relatada no Capítulo 9. As crianças diminuíram seu envolvimento nos conflitos interpessoais, ampliaram a capacidade de pensar em soluções alternativas, expandiram a rede de apoio social na sala de aula – passando a perceber os colegas como mais capazes de ajudar – e tornaram-se mais autônomas. Apesar de todos os bons resultados percebidos, precisamos ficar atentos às crianças que se encontram em momentos difíceis de enfrentamento de adversidades em casa ou no meio familiar.

Segundo a nossa percepção, depois que as adversidades são superadas ou desenvolvem-se recursos para enfrentar novos modos de vida, as crianças tendem a se tornar mais acomodadas, embora muitas vezes distraídas, com mais dificuldades de aprendizagem no sentido geral do termo (concentração, organização etc.). No entanto, quando elas estão numa fase aguda de problemas, muitas vezes fica difícil envolvê-las em qualquer ação educativa em sala de aula, por mais adequada que seja a postura dos professores ou cuidadores envolvidos.

Em geral, a criança que vivencia uma fase problemática de maneira aguda talvez não tenha o mínimo de concentração ou capacidade de autocontrole que o programa de intervenção requer, sendo-lhe impossível pensar nos problemas "do outro" ou agir com posturas refletidas, e não de forma impulsiva e muitas vezes agressiva. Exigir, por exemplo, que uma criança que vivencia situações de abuso, de abandono ou de agressões em família passe a pensar no bem coletivo é a mesma coisa que exigir que uma pessoa com queimaduras graves esqueça a dor para pensar na "paz coletiva". Uma criança que não corresponde ao programa de intervenção, que não consegue aprender – apesar de todos os recursos que são utilizados – muitas vezes é capaz de inibir avanços na coletividade, não só de aprendizagem como de desenvolvimento moral. O primeiro passo, portanto, seria olhar para essa criança com um "olhar diagnóstico", não no sentido de procurar patologias e possíveis encaminhamentos a especialistas, mas de compreender suas possíveis necessidades imediatas.

É comum encontrarmos, já no segundo ano, crianças com um histórico de vida complicado, que mantiveram na pré-escola padrões de relacionamento difíceis com colegas e cuidadores. Essas crianças, em geral, têm baixa autoestima, baixo senso de eficácia, baixo autoconceito, chamam a atenção por intermédio de relacionamentos aversivos, são carentes de afeto, de recursos materiais, de alimentação, de rotina, de cuidados básicos, entre outros fatos.

Selecionamos alguns exemplos vivenciados na sala de aula. Embora não constituam o padrão das crianças na fase estudada, os casos ilustrados não são raros nas escolas e têm alto potencial para desequilibrar a harmonia de uma classe, dificultando o trabalho de qualquer professor.

Exemplo: Wilson

Wilson vivenciou o programa de intervenção. Tinha tendências à liderança e à agressividade. Coordenava as brincadeiras com facilidade, tornando-se líder quando queria participar de uma brincadeira já iniciada. Porém, quando agredido ou quando se sentia ofendido de uma maneira ou de outra, agredia também com facilidade, usando as próprias mãos ou invocando o irmão mais velho, que estudava no quinto ano.

Wilson era fortemente incentivado pelos pais a revidar quando se sentisse insultado, já que não admitiam que os filhos sofressem uma agressão sem "dar o troco". Apesar de trabalhar com ele firmemente os princípios do programa e de sempre enfatizar a resolução de problemas pela "não violência", não houve jeito a não ser chamar o irmão mais velho e proibi-lo de interferir nos problemas do irmão menor, sob pena de levá-lo à direção da escola.

Ao fim do ano escolar, Wilson, como a maioria das crianças da sala, diminuiu a participação em conflitos interpessoais, apesar de sua alta incidência de faltas e de ter sido reprovado por esse motivo.

No ano seguinte, afastei-me da escola por motivos pessoais. Quando terminou o período de licença, retornei à mesma escola, com uma classe de primeiro ano, e lá estava ele na minha sala de aula: Wilson.

Eu – O que você está fazendo aqui?

Wilson – Eu repeti.

Eu – Outra vez?

Wilson – É, eu faltei muito.

Eu – Dessa vez você vai passar, de um jeito ou de outro!

Brincadeiras à parte, chamei-o de lado e fiz uma avaliação. Verifiquei que ele ainda não havia se alfabetizado. Propus um trato: eu o ensinaria a ler e a escrever e ele, por sua vez, se comprometeria a não faltar mais. Ele aceitou o trato e, apesar de continuar faltando bastante, quando vinha à aula se esforçava ao máximo. Conseguiu se alfabetizar. Precisei me empenhar muito para convencê-lo de que era inteligente e capaz.

Wilson continuava impulsivo, agressivo, embora nunca tenha agido assim comigo; nas vezes em que ele agrediu em sala de aula, voltei a utilizar os passos do programa e ele correspondeu.

Em sala de aula ele era cooperativo, exercia uma liderança positiva, inclusive no sentido de apaziguar brigas dos pequenos, e poderia ser considerado um ótimo aluno. Fora da sala, eu ouvia constantemente as responsáveis pela disciplina usarem expressões como: "Você de novo?"; "Mas que inferno, não vou nem conversar, vai direto para a diretoria!" Realmente, no pátio, ele não se segurava e era agressivo ao resolver os problemas. Eram muitas as reclamações. Sempre que isso acontecia, eu perguntava a ele, segundo o EPRP: "O que você acha que aconteceu?" Assim, fui percebendo que, apesar de impulsivo e agressivo, ele era muito sincero e batia porque não conseguia resistir às provocações. Ele havia criado fama e os meninos se divertiam em provocá-lo. Quando ele batia, reclamavam às profissionais responsáveis; estas, sem um preparo maior, já procuravam castigá-lo e descontar nele sua raiva por não conseguir controlá-lo.

Não percebi abertura dos outros cuidadores para trabalhar uma possível assistência ao garoto. Passei a antecipar os acontecimentos do recreio e as ações de "não violência" que ele poderia adotar. Algumas vezes deu certo, outras não. Eu procurava defendê-lo sempre que ele agia de maneira adequada e afirmava que não ia defendê-lo caso ele fosse agressivo. Trabalhei exaustivamente para mostrar que ele já havia criado fama e seria difícil as "tias" acreditarem nele, que a confiança se constrói ao longo do tempo. Ele me entendia perfeitamente, mas nem sempre conseguia se controlar. Certa vez, bateu em um garoto, segundo as outras profissionais, "muito bonzinho" e chegou a ser suspenso. Perguntei, como sempre:

Eu – O que aconteceu?
Wilson – Eu bati mesmo nele.

Eu – Mas o que nós combinamos? Agora eu não vou poder te defender.

Wilson – Ó, professora, eu bati nele, sim, mas eu tava andando de patins e ele foi andando atrás de mim ameaçando me derrubar. Pedi pra ele parar e ele não parou. Aí ele me empurrou, eu caí e bati nele. Só que ele começou a chorar e foi contar pra tia. Aí ela não quis nem me ouvir e me levou pra diretora.

Nesse caso eu não resisti e procurei a assistente, contando o que tinha acontecido. Ela procurou a outra criança e confirmou a versão; os dois foram suspensos. Não fiquei satisfeita com a solução, mas pelo menos achei que foi menos injusta.

Terminou o ano e ele mudou de classe e de período. Não tive mais notícias até o dia em que fiquei sabendo que uma colega muito sensível assumiu a classe depois de diversos percalços com a titular. Perguntei como Wilson estava. Ela disse que ele estava bem. Falei sobre a trajetória do garoto, inclusive o histórico de injustiças que ameaçaram constantemente o trabalho desenvolvido com ele.

Passado um tempo, ela me procurou e disse que, baseada na nossa conversa, passou a se relacionar com Wilson de maneira diferente e ele se mostrava cada vez melhor, como um bom líder, respeitoso, sincero e esforçado.

Esse exemplo é adequado para entendermos quanto é importante um programa abrangente que inclua não só a família como todos os profissionais da escola. Essa opção tem se mostrado inviável por uma série de motivos, mas não elimina outras atitudes que podemos tomar para apoiar a criança em suas necessidades mais imediatas, em ambientes fora do nosso alcance, como no pátio. No caso relatado, na impossibilidade de estender a intervenção a outros cuidadores, optei por trabalhar com o garoto mostrando-

-lhe as consequências de sua impulsividade: perda de confiança, castigo, perseguição por parte dos colegas que se divertiam em provocá-lo. Expliquei também que ele precisaria de tempo e esforço para recuperar a confiança das pessoas e, consequentemente, para construir novos relacionamentos, num movimento constante de *feedback* sempre que ele estava em outros ambientes ou algo acontecia.

Wilson recebia da família um estímulo forte à prática da agressão. De início, no primeiro ano da intervenção, os efeitos do programa se fizeram sentir na sala de aula, diante da minha figura de autoridade, do respeito que ele tinha por mim e o ajudava a controlar os impulsos de agressão. A generalização exigiu um esforço intenso de minha parte, diante da impossibilidade de contar com os outros cuidadores ou com a família, e foi garantida com a colaboração de uma professora suficientemente sensível para apoiá-lo com atitudes adequadas.

Exemplo: Alberto Ricardo

Alberto Ricardo é um garoto de 7 anos, impulsivo, agressivo, que não aceita ser admoestado. Prejudicou bastante o ambiente de sala de aula até que me dei conta de que algo errado acontecia com ele. O garoto fazia muitas brincadeiras inconvenientes com os colegas e eram infinitas as reclamações. Eu não conseguia praticar o programa de intervenção com ele, que não me ouvia quando eu tentava conversar e falava sem parar, sempre se defendendo. Certa vez, em conversa particular, perguntei onde ele aprendia as brincadeiras que estavam incomodando a todos. Ele respondeu que aprendia com os meninos da rua. Reforcei que só podemos brincar quando as pessoas aceitam e que as crianças estavam reclamando dele. Recordei a regra da escola e da sala de aula de brincar sem usar as mãos.

Chamamos a mãe e relatamos o que estava acontecendo. Ela contou que saía para trabalhar e não tinha, portanto, como acompanhar a educação do filho, o que era agravado pelo fato de ele ficar em casa, na companhia de adultos com problemas graves de agressividade e comportamento antissocial, ou então na rua. Pedimos que tentasse se reorganizar porque aquela situação não poderia continuar e cobramos um futuro retorno.

Em sala de aula, o aluno continuava do mesmo jeito: brincadeiras inconvenientes, agressivo, não dava abertura para desenvolvermos o programa de intervenção; quando conseguíamos praticar o diálogo, logo em seguida ele batia em alguém ou criava alguma turbulência em sala de aula.

Chamamos a mãe novamente. Ela disse tê-lo orientado para que ficasse em casa trancado com a irmã no quarto e não fosse para a rua, mas que não sabia se aquilo realmente estava sendo feito. Aguardamos um tempo; quando o menino começava a se acalmar, faltava à aula.

Chamei Alberto Ricardo para conversar:
Eu – Você ainda está ficando na rua?
Alberto Ricardo – Não! Só quando me colocam para fora.
Eu – Quando isso acontece?
Alberto Ricardo – Quando os meninos da rua entram na casa sem ordem, todo mundo tem que ir para fora.
Eu – Fora isso está tudo em paz em casa?
Alberto Ricardo – Não.
Eu – Por que não?
Alberto Ricardo – Porque eles disseram que não gostam de mim, que vão me mandar embora e me batem.
Eu – Mas te batem "do nada"? O que acontece que eles ficam com raiva e te batem?

Alberto Ricardo – Quando eu faço bagunça e deixo minhas coisas espalhadas.

Um dia, ele chegou à minha mesa, antes do recreio e disse que estava com dor de barriga. Conversamos:

Eu – Vá ao banheiro.

Alberto Ricardo – Não é de ir ao banheiro.

Eu – O que é então? Onde dói (apontou o estômago)? Você está com fome?

Alberto Ricardo balançava a cabeça ora afirmando que sim, ora afirmando que não.

Eu – Você tomou lanche de manhã?

Alberto Ricardo – Não.

Eu – Por que não?

Alberto Ricardo – Quando a minha mãe tem dinheiro ela compra, quando não tem ela não compra nada.

Eu – Mas tem lanche aqui na escola de manhã. Tem leite e pão ou bolacha.

Alberto Ricardo – Mas eu cheguei correndo e a minha mãe disse que eu estava atrasado e que era para vir correndo para a sala de aula.

Já estava na hora do intervalo; saímos e recomendei que ele fosse comer. Na volta à sala, perguntei:

Eu – Você comeu?

Alberto Ricardo – Comi umas pastilhas de doce que o menino me deu.

Eu – Por que você não comeu o lanche da escola?

Alberto Ricardo – Porque hoje tinha abacaxi e eu não gosto de abacaxi.

Pedi a uma auxiliar que conseguisse um pedaço de pão e desse a ele.

Nesse momento, fiquei pensando: até que ponto eu poderia deixar esse menino sofrendo agressões? Até que ponto eu poderia pressionar a mãe, que tentava se organizar sem ter muitas opções? O que poderia ser feito para mudar a situação?

Optei por trabalhar o programa de intervenção individualmente com a criança, ajudando-a a generalizar suas habilidades sociais e a evitar a raiva e o abuso das pessoas com as quais convivia; decidi também procurar alternativas para oferecer à mãe para que ela pudesse se organizar de maneira diferente.

Programei para que no final de todas as aulas eu ficasse com ele pelo menos dez minutos sozinha, para não deixá-lo exposto diante de tais situações constrangedoras. Peguei um livro de histórias que era constantemente foco de seu interesse e conversamos:

Eu – Eu trouxe este livrinho para você. É seu.

Alberto Ricardo – Posso levar para casa?

Eu – Pode. Eu trouxe pelo seguinte: quando os meninos da rua entrarem na sua casa e vocês forem colocados para fora, você pega o seu livrinho e sai, mas não vai na rua, fica ali na frente da sua casa, mesmo que os meninos insistam. Você acha que consegue fazer isso?

Alberto Ricardo – Consigo, professora.

Eu – Outra coisa. Você me disse que na sua casa eles ficam bravos e te batem quando você faz bagunça e não guarda seus brinquedos. Você gosta de apanhar?

Alberto Ricardo – Não!

Eu – Então, o que você pode fazer para que eles não fiquem mais bravos com você e não te batam mais?

Alberto Ricardo – Eu vou guardar meus brinquedos e não vou fazer bagunça.

Eu – Muito bom! Você acha que pode fazer isso?

Alberto Ricardo – Posso.

E assim continuamos. A cada semana eu dava ao aluno um material diferente e nos encontrávamos no fim da aula para conversar. Também conseguimos opções de encaminhamento, como frequentar um clube social do bairro, que funcionava com a supervisão de monitores treinados, para a mãe levá-lo nos horários em que não estivesse na escola; ainda encaminhamos o caso para o Conselho Tutelar acompanhar. O menino se acalmou muito e estava dando trabalho só no horário do intervalo. Baseada nas experiências anteriores, optei por solicitar a ajuda das profissionais responsáveis. Junto com o menino, procurei a inspetora de alunos e conversamos:

Eu – O Alberto Ricardo tem se esforçado bastante para não criar confusões, mas ele reclama que os meninos ficam provocando. Será que você poderia ajudar dando "uma força" pra ele na hora do intervalo?

Inspetora de alunos – Posso, sim.

Eu – Então, vamos combinar assim, ele fica perto de você e se precisar de ajuda ele te procura. Pode ser assim, Alberto Ricardo?

Alberto Ricardo – Pode.

Eu – Então estamos combinados. Você fica brincando perto da tia e se alguém te provocar e você não der conta de resolver sozinho você pede ajuda pra ela.

Ficamos em paz. Ele se acalmou muito e eu fui acompanhando a inspetora de alunos do recreio. Informei-a superficialmente da necessidade de alguém que o ajudasse a controlar a raiva e fui dando a devolutiva de como ele estava melhorando e se tornando menos agressivo; agradecia sinceramente a colaboração, reconhecendo a importância de uma profissional como essa na generalização dos procedimentos educativos para os ambientes fora da sala de aula. O auge da história foi quando entrei na sala de aula depois do recreio e Alberto Ricardo me disse:

Alberto Ricardo – Tia, a Vera passou a mão na minha bunda!

Eu – Alberto Ricardo, o que nós combinamos sobre brincadeiras de mão?

Alberto Ricardo (dirigindo-se à menina por conta própria) – Eu não gosto que brinca assim comigo!

Eu – Você entendeu, Vera? (Ela confirmou com a cabeça.)

De outra vez:

Alberto Ricardo (dirigindo-se a mim com o colega atrás dele fazendo sinal de silêncio) – Tia, o Vitinho me chamou de filho da p...

Eu – E você disse a ele que não gosta que falem assim com você?

Alberto Ricardo – Não.

Eu – Então tenta. Vai lá, diz isso pra ele e, se ele continuar, você volta aqui.

Ele concordou, foi e não voltou. Alberto Ricardo e o menino continuaram brincando juntos. Finalmente o programa de intervenção começava a produzir efeito sobre ele. Esse aluno tinha difi culdades grandes referentes não só à manutenção do respeito como ser humano, mas em relação ao respeito à vida. Não havia canal de comunicação que possibilitasse a construção do comportamento moral e estavam pouco desenvolvidos alguns sentimentos básicos na formação do autorrespeito: confiança, indignação, respeito, empatia e culpa (ver Capítulo 3). Também não havia possibilidade de desenvolvimento do autocontrole, com um altíssimo nível de raiva e baixa autoestima. Esta era expressa em frases como "Eu sou assim mesmo", "Não obedeço ninguém", "Sou teimoso". Foi necessário intervir, antes de tudo, em níveis muito básicos, como providenciar alimentação e livrinhos, brinquedos, lápis de cor para que a criança pudesse se distrair sem irritar os cuidadores da sua residência.

O apoio da responsável pelo intervalo foi muito importante como possibilidade de generalização para outros ambientes e para que ele não criasse "fama", como é comum no meio escolar com as crianças impulsivas, que não conseguem resistir às provocações dos colegas.

O "olhar diagnóstico" referido diz respeito exatamente ao que a professora procurou fazer em relação aos alunos Wilson e Alberto Ricardo: olhar para a criança procurando identificar como o profissional que compartilha com ela várias horas por dia pode ajudá-la, e não procurando problemas para ser encaminhados aos consultórios, embora algumas vezes isso se faça realmente necessário.

O profissional da educação

Chegamos a um ponto que tem sido muito debatido atualmente: a formação moral do aluno é ou não responsabilidade do professor e da escola?

O fato é que nós, professores, e a escola, de maneira geral, precisamos lidar com o aluno que acolhemos. Se ele não recebe em casa uma formação moral baseada em valores ou, pior, aprende com a família comportamentos antissociais, ele deve ser descartado? A família vai ser intimada a cumprir o "seu papel"? E se a família ou cuidadores não tiverem recursos para tal função?

O professor não compartimentaliza o aluno, separando-o em partes a ser educadas cada uma por sua respectiva instituição. Portanto, temos de lidar com o aluno integral: o ser que pensa, sente e deseja.

Os dados de pesquisa apresentados no Capítulo 9 indicam que o programa proposto para melhorar a convivência na sala de aula favorece os relacionamentos interpessoais. A intervenção possibilita que as crianças aprendam a julgar um dilema interpessoal com mais consciência, ter mais calma para não agir impulsivamente – evitando consequências desagradáveis advindas do ato impensado – e se colocar no lugar do outro, o que abre espaço para sociedades mais justas e menos centralizadas no bem de um único indivíduo.

Mas, independentemente dos resultados da pesquisa e dos efeitos advindos deste trabalho específico, são de conhecimento público e científico os benefícios que um relacionamento humano caloroso proporciona aos envolvidos. O poder de um professor costuma ser esquecido em relação à vida da criança em sala de aula. Toda criança se beneficia do clima criado pelo professor que acolhe, nutre nos alunos desejo de aprender e supre a exposição a mudanças e a um currículo mínimo.

Em cada turma que passou pelo programa, verificamos que, durante o processo de aprendizagem dos alunos, a professora também passava por um processo de aprendizagem, ampliando não só a quantidade como a qualidade das ações consideradas adequadas segundo parâmetros previamente definidos, tais como estímulo à autonomia, diálogo EPRP completo, abertura para a discussão dos valores.

Pesquisas indicam que discrepâncias entre resultados obtidos em estudos diversos do EPRP podem ser explicadas por diferenças entre os professores. Sendo assim, características pessoais de quem aplica o programa são importantes na obtenção de resultados positivos. Um componente fundamental da competência profissional do professor, ao lado de suas concepções e atitudes, é o conjunto de suas habilidades sociais educativas, que constituem uma classe de habilidades sociais profissionais (Del Prette e Del Prette, 2003).

Entre essas habilidades sociais educativas são exemplos: gratificar diferencialmente os comportamentos sociais dos alunos, pedir mudanças de comportamento, fazer perguntas, mediar a participação, discriminar os valores implícitos no próprio comportamento, conduzir atividades específicas de identificação e expressão de emoções, apresentar modelos de comportamentos sociais valorizados (demonstrar empatia, fazer e atender pedidos, expressar emoções, saber ouvir, entre outros). Precisam também ser lembradas habilidades como clareza, fluência, expressividade e uso adequado dos gestos, da postura, do contato visual, entre outros aspectos.

Cada vez mais recebemos turmas em que as crianças têm dificuldade de parar e ouvir o que o outro diz. Em turmas assim, é comum iniciarmos o ano tendo de elevar muito a voz, chegando muitas vezes aos gritos para obter a atenção das crianças – e até a tapas na mesa para conseguir ser ouvida. O que não é possível, não é aceitável, é que os recursos aversivos sejam um padrão de relacionamento com a classe do começo ao fim do ano.

Segundo a experiência da primeira autora, classes com características semelhantes a essa tendiam a se acalmar ao longo do ano letivo, conforme avançava a intervenção. Com o correr do tempo, nas poucas vezes em que era preciso utilizar recursos aversivos, dizia-se aos alunos que eles estavam obedecendo apenas quando se utilizavam ações "mal-educadas". A partir daí se conduzia a discussão no sentido de combinar regras, tal como exposto no primeiro exemplo do Capítulo 5. Dessa forma, à medida que o programa de intervenção evolui, as ações aversivas tendem a se espaçar, sendo trocadas por códigos de comunicação que asseguram a atenção das crianças sem assustá-las.

Refletindo sobre os indícios de evolução na postura da professora ao longo do programa de intervenção e nas habilidades sociais educativas, enfatizamos a ideia de que é necessário um processo constante de autoavaliação por parte do professor que lida com habilidades sociais. Nesse sentido, o significado do desenvolvimento de experiências profissionais passa a ser pessoal.

É preciso, também, revisar constantemente os valores que estão por trás das nossas posturas e instruir-se a respeito dos princípios que norteiam o desenvolvimento infantil, ou seja, o professor que objetiva trabalhar com o aluno integral precisa "querer", "saber" e por fim "poder" realizar as metas a que está se propondo. Os princípios são os mesmos que se objetivam para os alunos.

A respeito deste último item, o poder, referente ao autocontrole, seria interessante considerar até que ponto um professor está preparado para lidar com os conflitos emocionais que surgem nas relações com os alunos. Na maioria dos cursos de Pedagogia, essa questão simplesmente não é abordada, o que pode dar lugar à suposição equivocada de que a capacitação para lidar com conflitos emocionais não faz parte da formação profissional do professor. Nos últimos anos, programas específicos têm sido propostos para preencher pontualmente essa lacuna da formação (Del Prette e Del Prette, 2003). Para a maioria dos professores, que não têm acesso a programas dessa natureza, fica a sugestão de procurar ajuda sempre que se julgarem incapacitados para lidar emocionalmente com determinada situação: que falem com outros colegas, com o diretor, o coordenador ou qualquer profissional que esteja disponível e seja capaz de dar apoio em momentos de grande estresse, desde que se preservem a criança e os princípios fundamentais da boa convivência.

Parte III

Resultados do programa

A PESQUISA EM UMA CLASSE DE SEGUNDO ANO

Ao planejarmos a pesquisa, tivemos por objetivo principal verificar se o programa de intervenção efetivamente melhorava a convivência, em sala de aula, entre alunos iniciantes do ensino fundamental. Supúnhamos que uma intervenção eficaz deveria contribuir para que as crianças ampliassem suas estratégias de solução de conflitos e esperávamos que, em consequência da exposição ao programa, os alunos desenvolvessem uma genuína disposição para mobilizar estratégias pró-sociais para lidar com os conflitos no dia a dia. Mais ainda, esperávamos que eles aprendessem a controlar as emoções negativas eliciadas nas situações de confronto, para que conseguissem de fato mobilizar tais estratégias, o que levaria a uma diminuição dos conflitos abertos na sala de aula.

Considerando que uma classe com menos conflitos se configura como um ambiente mais propício à aprendizagem, supúnhamos também que, se o programa fosse eficaz, os alunos mostrariam, depois de passar por ele, mais comportamentos orientados para as atividades escolares. Pensando na perspectiva das crianças sobre a convivência na escola, conforme exposto no Capítulo 1, procuramos também investigar a percepção delas a respeito dos colegas que ajudam, supondo que o programa poderia contribuir para melhorar essa percepção.

Método

Para atender aos objetivos da pesquisa, a intervenção foi realizada em uma classe de segundo ano com 31 alunos. Para avaliar o efeito da intervenção, foram utilizados cinco instrumentos ou procedimentos: sondagem de habilidades de solução de problemas interpessoais (Pips)[9], registro de conflitos em um diário de campo, observação do comportamento em sala de aula, Inventário de Estressores Escolares (IEE)[10] e um indicador de desempenho pró-social (IDPS)[11].

Antes de iniciar o programa, durante o mês de março, todas as crianças foram entrevistadas individualmente, para avaliarmos suas habilidades de solução de problemas interpessoais e também para que elas indicassem os colegas que as ajudavam e as situações estressantes que as incomodavam no dia a dia da escola. No mesmo período, elas foram observadas na sala de aula para registro dos comportamentos orientados para as atividades escolares, os colegas e o professor. Todas essas medidas foram tomadas para

---

9. Pips: *Preschool Interpersonal Problem Solving* (Shure, 1990), versão brasileira. Indicado para crianças de 4 a 8 anos, consiste em conjuntos de cartões representando 19 situações de conflito entre crianças, pela posse de um brinquedo, e 9 situações em que o problema da criança é evitar a raiva da mãe por um ato de dano à propriedade.
10. Inventário de Estressores Escolares (Marturano, Trivellato-Ferreira e Gardinal, 2009).
11. Esse procedimento, desenvolvido para a investigação, pedia o julgamento das crianças em relação ao desempenho pró-social dos colegas em sala de aula. Perguntava-se: "Quando você precisa de ajuda na sala de aula, quem dos seus colegas de classe ajuda você?"

termos uma linha de base da situação das crianças antes de iniciar o programa.

Durante todo o período da intervenção, entre os meses de março e novembro, a primeira autora, que era a regente da classe, elaborou um diário de campo, no qual registrava os problemas interpessoais que ocorriam no dia a dia da sala de aula – disputas e brigas, queixas sobre provocações ou fofocas, reclamações sobre sumiço de objetos, infrações a regras da sala de aula etc.

Depois da intervenção, no mês de novembro, repetimos os procedimentos de avaliação que havíamos aplicado em março – as entrevistas e as observações em sala de aula.

Para verificar os efeitos da intervenção, foram feitas as seguintes análises:

a) Compararam-se as medidas de habilidades cognitivas de solução de problemas interpessoais antes e depois da aplicação do programa, ou seja, verificou-se a capacidade da criança de pensar em soluções diferentes para os conflitos antes e depois do programa.

b) Com base nos registros do diário de campo, verificou-se a evolução da incidência de conflitos abertos, ou seja, quanto as crianças se envolveram em conflitos interpessoais ao longo do ano letivo.

c) Com base nos registros de observação em sala de aula, compararam-se medidas de envolvimento com as atividades escolares obtidas antes e depois da aplicação do programa.

d) Comparou-se a percepção do aluno quanto a fontes de estresse escolar, ou seja, quanto determinado evento era considerado estressante pela criança antes e depois da aplicação do programa.

e) Comparou-se o número de indicações feitas pelos colegas sobre o desempenho pró-social de cada aluno, ou seja, quanto uma criança é percebida como capaz de ajudar, indicando o grau de confiança dos colegas antes e depois da aplicação do programa.

Os resultados obtidos na sala de aula que passou pela intervenção foram comparados com os resultados de outros dois grupos. Para facilitar o entendimento, trataremos aqui a classe que passou pelo programa como Grupo de Intervenção e os demais grupos como Grupo de Comparação e Grupo EPRP. O Grupo de Comparação era composto por 30 alunos de duas classes de segundo ano da mesma escola, que não passaram por intervenção; o Grupo EPRP era formado por 31 alunos de uma classe de outra escola municipal que haviam passado pelo programa EPRP (Borges, 2002).

As avaliações do Grupo de Comparação foram feitas nos meses de março e novembro, com os seguintes instrumentos: Pips, IEE, IDPS. O Grupo EPRP já havia sido avaliado anteriormente, por meio do Pips, antes e depois da aplicação do programa EPRP. Nesse grupo, havia também um registro de conflitos em um diário de campo semelhante ao que foi utilizado no acompanhamento do Grupo de Intervenção.

Resultados

Quanto à busca de soluções alternativas para problemas interpessoais no Pips

A comparação dos grupos envolvidos na pesquisa, em relação ao número absoluto de reações ao Pips, indicou que em todos os grupos as crianças ampliaram a habilidade de gerar soluções alternativas, embora essa melhora tenha atingido índices diferenciados entre os grupos.

No caso das reações consideradas relevantes – aquelas que representavam soluções eficazes para os conflitos apresentados no Pips –, o Grupo de Intervenção aumentou em 50% o número absoluto de respostas, o Grupo EPRP aumentou em 30% o número de respostas e o Grupo de Comparação apresentou uma ligeira diminuição.

No que se refere à qualidade das soluções relevantes para as situações do teste em que duas crianças disputavam a posse de um brinquedo, todos os grupos obtiveram melhoras; foram suprimidas as soluções que envolvem agressão, coerção e hostilidade manifesta, como agressão física e comandos.

No Grupo de Intervenção, além desses resultados, houve um aumento generalizado nas soluções tanto pró-sociais, ou seja, que consideram o ponto de vista do outro, quanto antissociais, que não levam em conta o ponto de vista de todos os envolvidos. Assim, verificamos o aumento de soluções como permissão, empréstimo, justiça, compartilhamento e negociação, bem como de soluções como trapaça, despistar e dano à propriedade.

No Grupo EPRP também observamos aumento tanto de opções de comportamento pró-sociais, como empréstimo, compartilhamento, revezamento, negociação, quanto antissociais, como manipulação da afeição e trapaça.

Em relação aos conflitos com mães, tanto o Grupo de Intervenção como o Grupo EPRP reduziram as reações ligadas a comportamentos socialmente inconvenientes e aumentaram as opções de solução. O Grupo de Comparação mostrou um efeito maior na supressão de comportamentos do que na ampliação de opções de ação, com uma tendência de aumento nas soluções que envolvem esquivar-se do problema, manter-se passivo ou desculpar-se.

Quanto aos registros no diário de campo

A análise do diário de campo indicou que o Grupo de Intervenção e o Grupo EPRP tinham níveis diferentes de participação em conflitos antes da exposição ao programa. O Grupo de Interven ção mostrava, já no início do ano, uma incidência muito maior de envolvimento em conflitos do que o Grupo EPRP. Ou seja, a classe de segundo ano na qual seria aplicado o programa multicomponente apresentava inicialmente mais problemas de convivência que a classe onde seria aplicado o EPRP.

Para comparar estatisticamente os resultados entre as duas turmas, procuramos neutralizar essa diferença inicial, excluindo das comparações as crianças com resultados extremos: do Grupo de Intervenção foram excluídas as crianças com maior participação em conflitos e do Grupo EPRP, aquelas com menor envolvimento em conflitos. Feita a equiparação dos grupos, com 20 crianças em cada um, observou-se que o Grupo de Intervenção apresentou uma redução de conflitos significativamente maior do que o Grupo EPRP, do início para o fim do ano.

No Grupo de Intervenção houve uma redução clara e consistente em relação às seguintes categorias específicas de comportamento: provoca, reclama que foi provocado, desobedece a uma ordem, agride, é agredido e disputa.

No Grupo EPRP houve um decréscimo de conflitos, do início das aulas até o começo das férias de julho, e um aumento considerável no período de retorno às aulas. Nesse grupo não houve indícios de mudança de comportamento no grupo de uma maneira geral, mas uma diminuição de incidência de conflitos nas crianças que obtiveram maior envolvimento em conflitos ao longo da intervenção.

Quanto à observação do comportamento em sala de aula
Essa análise foi feita somente sobre os dados do Grupo de Intervenção. Verificou-se um aumento significativo nas classes de comportamento onde observamos que a criança trabalhava sentada em sua carteira (estava concentrada em suas tarefas na cartei-

ra) e que elas prestavam atenção às explicações, além da diminuição significativa dos comportamentos considerados agressivos, de provocação e de busca de ajuda ou atenção da professora (ou seja, as crianças estavam mais concentradas e menos dependentes).

No subgrupo dos dez alunos inicialmente mais envolvidos em conflitos, percebem-se melhoras nos aspectos interpessoais pela diminuição de categorias indicadoras de agressividade e dispersão, como agredir o colega e conversar com ele.

Quanto à percepção do aluno em relação a fontes de estresse
Verificou-se que as crianças do Grupo de Intervenção, quando observadas em relação ao Grupo de Comparação, apresentaram, no início do ano, resultados altamente desfavoráveis, mostrando que elas percebiam muito mais elementos estressantes e perturbadores. Na avaliação feita no final do ano, depois de concluído o programa no Grupo de Intervenção, os dois grupos mostraram aumento na exposição ao estresse; porém, quanto ao efeito do estresse sobre as crianças, percebe-se que, depois da intervenção, as crianças do Grupo de Intervenção avaliaram as situações do cotidiano escolar como significativamente menos estressantes em comparação com o outro grupo. Ou seja, as crianças do Grupo de Intervenção continuaram expostas a situações cotidianas estressantes, mas passaram a se perturbar menos com elas.

Quanto ao número de indicações feitas pelos colegas sobre o desempenho pró-social
Na primeira avaliação, feita durante o mês de março, as crianças do Grupo de Comparação indicaram, em média, três colegas com os quais podiam contar quando precisavam de ajuda. Na segunda avaliação, no final do ano, elas mantiveram o número de indicações feitas na avaliação inicial. Já as crianças do Grupo de Intervenção indicaram, em média, no início do ano, dois colegas

que as ajudavam na escola. Essa média se elevou para cinco depois da intervenção.

Em resumo...

As crianças que passaram pela intervenção ampliaram as habilidades de solução de problemas interpessoais, diminuíram a participação em conflitos interpessoais abertos ao longo do ano letivo, reduziram comportamentos incompatíveis com as atividades escolares e melhoraram o desempenho pró-social. As mudanças comportamentais se verificaram para a classe como um todo, porém foram mais pronunciadas nas crianças inicialmente mais problemáticas, que se envolviam mais em conflitos antes da intervenção.

Nas comparações entre grupos, os resultados foram favoráveis ao Grupo de Intervenção. A intervenção multicomponente mostrou efeitos cognitivos e comportamentais mais claros que o EPRP. Em relação aos colegas que não passaram por intervenção, as crianças que receberam a intervenção multicomponente demonstraram, depois do programa, maior preparo para o enfrentamento do estresse. Elas também passaram a perceber os companheiros como mais solidários, ou seja, ampliou-se a rede de apoio entre colegas.

Os comportamentos problemáticos se mostraram maleáveis à intervenção e os benefícios da experiência aparentemente se generalizaram para aspectos não diretamente trabalhados, como o envolvimento nas atividades acadêmicas.

A pesquisa demonstrou a eficácia de um programa com base desenvolvimental para apoiar as crianças na transição do segundo ano, diante do desafio de situarem-se na rede social ampliada. Aquelas que, no início da transição, se mostravam mais vulneráveis ao fracasso no cumprimento dessa tarefa adaptativa foram as que obtiveram os maiores ganhos comportamentais com a intervenção. A redução dos conflitos e o aumento da cooperação entre as crianças assinalam a modificação dos padrões de relacionamento estabelecidos precocemente na escola. Essa é uma importante contribuição do estudo, diante da evidência empírica de que padrões precoces tendem a se perpetuar ao longo do ensino fundamental, principalmente quando marcados por agressividade e conflito.

Ficou claro que os conflitos interpessoais, uma condição desorganizadora de processos proximais na sala de aula, podem ser reduzidos drasticamente com uma intervenção em que o próprio professor trabalha tanto no plano dos recursos como no plano das disposições seletivas para a ação. No plano dos recursos, as crianças receberam suporte para construir competências cognitivas e realizar ensaios comportamentais para a resolução dos conflitos emergentes no dia a dia da sala de aula. No plano das disposições, puderam desenvolver motivação pró-social, uma característica geradora de processos proximais, ao mesmo tempo que aprendiam a controlar emoções negativas – que podem operar como disposições desorganizadoras, obstruindo interações e atividades promotoras de desenvolvimento.

No próximo capítulo, procuramos mostrar por que os resultados desse programa de intervenção nos animaram a divulgá-los e a incentivar os educadores a repensar sua visão da criança como um ser em desenvolvimento, ultrapassando os limites do senso comum na moldagem de suas posturas educativas.

IMPLICAÇÕES E PERSPECTIVAS

A ideia do programa de intervenção surgiu da necessidade diária de "controlar" o comportamento dos alunos em sala de aula. Com o desenvolvimento do programa, chegamos à conclusão de que o "controle" do comportamento dos alunos não interessa a ninguém; o que realmente interessa, muito mais que "enquadrar crianças problemáticas" que em geral incomodam e prejudicam o andamento do processo de ensino-aprendizagem, é projetar a educação moral para além da adequação aos valores da sociedade e às virtudes morais tradicionais. A abordagem é a da perspectiva moral crítica: longe de objetivarmos o desenvolvimento de "crianças boazinhas" (Nucci, 2000), desejamos com esse programa de intervenção suprir a criança com alguns "blocos de construção" do seu desenvolvimento moral. A meta desejável em longo prazo, que transcende a abrangência do trabalho realizado, é que o indivíduo alcance um nível de autonomia moral que o capacite a manter um comportamento moral estável, independentemente das pressões externas, e seja capaz de se posicionar ativamente contra toda violação do moralmente estabelecido.

Sendo este trabalho o resultado de uma pesquisa-ação, esperamos que ele estimule iniciativas de trabalho efetivo relacionado à convivência, ainda raras em nossas salas de aula.

Nossa intenção é contribuir com a divulgação de um trabalho que objetivou melhorar a convivência entre os alunos na sala de aula e atingiu bons resultados. A filosofia de trabalho adotada levou-nos a uma reflexão pessoal sobre a nossa forma de lidar com nossos problemas interpessoais. Conciliar interesses, assumir um comportamento pró-social implica cooperação, e cooperação implica "não violência".

O senso comum diz que é preciso agredir um agressor contumaz para que ele sinta o que é ser agredido. São pais de alunos, colegas, superiores e familiares de todos os níveis socioculturais que chegam a afirmar que às vezes é necessário o "olho por olho, dente por dente". Aceitar uma filosofia de "não violência parcial" equivale a aceitar a possibilidade de usar a violência em casos extremos. Mas aí surge a questão: quem julga se um caso é extremo e necessita de violência para ser resolvido ou não? Os parâmetros relacionados a pressões e necessidades pessoais são inumeráveis, e a possibilidade de criar critérios que definam quando a violência pode ou deve ser usada é quase nula. Assim, ou assumimos coletivamente o mundo e a forma de relacionamento que queremos para nós como pacífica ou continuamos sendo objeto das idiossincrasias das pessoas ao nosso redor – e, por consequência, sujeitos a um mundo regido por pessoas controladas por seus humores, pontos de vista pessoais e com senso de justiça autorreferenciado.

A criança sabe o que faz?

Quando avaliamos a *capacidade da criança de gerar soluções alternativas* para os problemas interpessoais, verificamos que os alunos dos dois grupos de intervenção obtiveram desempenho superior do início para o fim do ano, embora esse desempenho tivesse índices diferenciados.

No que se refere à *qualidade das reações*, os três grupos – dois de intervenção e um de comparação – suprimiram reações ligadas à agressão manifesta. Os dois grupos de intervenção ampliaram não só a variedade de reações pró-sociais como as antissociais. Já o Grupo de Comparação apresentou pequena diminuição na diversidade de reações em relação ao número absoluto de soluções, mas ofereceu uma quantidade maior de reações perante a esquiva-passiva e a polidez, particularmente nos problemas com o adulto.

Se os dois grupos de intervenção obtiveram uma ampliação de repertório e o diferencial comum entre eles é o ensino da habilidade de solução de problemas interpessoais – mais especificamente a busca de soluções alternativas –, torna-se evidente que essa habilidade é fundamental para favorecer a expansão de repertório e tornar as crianças mais criativas.

Já o Grupo de Comparação, apesar de ter demonstrado progressos ao reduzir soluções hostis nos problemas entre crianças e de ter aumentado soluções polidas nos problemas entre uma criança e sua mãe, deu indícios de que "um algo mais" poderia ter sido trabalhado quando também aumentou as soluções que envolvem esquiva-passiva e diminuiu a diversidade de soluções apresentadas. Como nosso parâmetro para a educação é o de formar pessoas que agem de acordo com o que julgam correto para si, para os outros e para o grupo de maneira geral, podemos considerar que, se a pessoa, na maioria das vezes, esquiva-se ou fica passiva diante de problemas interpessoais, isso não é um bom indício.

No Grupo de Comparação, no qual nenhuma intervenção foi realizada, percebe-se um processo de socialização em curso, embora o mecanismo que parece embutido seja o de inibir comportamentos de hostilidade manifesta e não de ampliar repertório. A leve tendência de aumento nas classes de esquiva-passiva e polidez constitui indício de que as crianças, ao ingressarem na escola, independentemente de passarem por alguma intervenção específica no processo de socialização, aprendem a inconveniência de alguns dos comportamentos referidos, tornando-se "pessoas socializadas" (Beoto, 2001).

O fato de as crianças do Grupo de Comparação não demonstrarem aumento em quase nenhum tipo de raciocínio pró-social chama a atenção por ser possível que os comportamentos antissociais estejam sendo apenas reprimidos e não trabalhados quanto à sua adequação ou não para o convívio social.

Vamos agora fazer uma ligação com as referências teóricas que embasaram este trabalho.

Você se lembra do "grandão" citado no Capítulo 3? Pois bem, vamos imaginar que ele seja aluno de um dos dois grupos, o Grupo de Intervenção ou o Grupo de Comparação. Fazendo uma referência aos termos empregados pela maioria dos professores, próprios do vocabulário do senso comum, poderíamos perguntar: será que ele vai conseguir se desenvolver na escola com aquela agressividade? No entanto, vamos deixar de lado essas expressões e conceitos do senso comum; assumindo os conceitos usados neste trabalho, vamos falar em "trajetórias de desenvolvimento". Como será que "o grandão" se desenvolveu? Que condições o inclinaram a agir dessa ou daquela forma? O que poderá ser feito para mudar sua trajetória de desenvolvimento em uma direção que favoreça seu bem-estar?

Caso essa criança pertencesse ao Grupo de Comparação, possivelmente seria punida ou ignorada por ter agredido o colega e dificilmente alguém se interessaria por saber em que condições ela agiu com agressividade. Dessa forma, como referido no Capítulo 1, tende-se à perpetuação das condições que levam essa criança a ser agressiva e a se desenvolver como um adulto impulsivo propenso à agressividade.

A escola, em geral, reprime comportamentos de violência explícita, mas oferece poucas opções de ação. Imaginando que essa criança seja estimulada à agressão no seu ambiente familiar, como o aluno Wilson, citado no Capítulo 8, pressionada por uma provocação ou por uma agressão, sem muitas opções de ação, provavelmente ela vai tornar a agredir.

Vamos agora imaginar que "o grandão" fizesse parte do Grupo de Intervenção; apesar de todas as condições que o inclinam a agredir, sendo instruído a entender o processo de socialização, a se controlar, e sendo motivado a agir da maneira mais adequada, ele provavelmente encontraria recursos na professora (mediadora), nos colegas, talvez nos outros cuidadores da escola – e principalmente em si mesmo – para ter uma trajetória de desenvolvimento diferente daquela à qual fora inclinado até o momento, tendo a chance de se reorganizar a cada conflito, a cada confusão. Ele poderia se tornar, então, uma "pessoa moral", excluindo a violência e a impulsividade de seu repertório de atitudes. Embora continue pensando em formas pró-sociais e antissociais de solucionar os problemas, ele opta por agir de maneira pró-social.

Já dissemos que os dois grupos de intervenção obtiveram melhoras gerais quanto à geração cognitiva de soluções alternativas, mas não o Grupo de Comparação. Isso nos remete à questão de como tem sido trabalhada a socialização em sala de aula. Em geral, restringe-se a diversidade de reações, eliminando as opções de comportamento que envolvem hostilidade manifesta sem que se desenvolvam outras possibilidades de ação. A qualidade das reações mudou, tornando-se estas mais polidas, mas a gama de opções ficou restrita.

Vejamos o seguinte exemplo de uma ocorrência envolvendo dois meninos – Luís, uma criança que não se encontrava entre as mais difíceis da classe; e Max, um garoto corpulento, com antecedentes de atitudes voluntariosas e agressivas:

Exemplo
Luís veio me dizer que o Max contou a Laira que ia pegá-lo no recreio. Chamei o Max na frente do Luís e perguntei:
Eu – O que aconteceu?
Max – Eu estava brincando!
Eu – Ah! Você entendeu errado, Luís, o Max estava brincando.
Eles saíram. Em seguida, o Luís me procurou de novo dizendo:
Luís – Professora, o Max quer me bater e a minha mãe falou que se alguém me bater eu tenho que bater também.
Eu – O que foi que aconteceu, Max?
Max – Professora, eu estou brincando de lutinha.
Eu – Você perguntou ao Luís se ele quer brincar de lutinha?
Max – Não.
Eu – Você quer brincar de lutinha ou quer brincar com o Luís?
Max – Com o Luís.
Eu – Então como você pode descobrir do que ele quer brincar?
Max – Do que você quer brincar, Luís?
Luís – De pega-pega.
Os dois saíram correndo.

Nesse exemplo, a criança orientada em casa a revidar, caso seja agredida, se vê em uma situação difícil ao deparar com outra criança, maior, com um longo histórico de atitudes voluntariosas e agressivas. Confiando na mediação da professora, a criança sentiu-se segura para procurar ajuda diante da difícil situação em que se encontrava. A professora ignorou o fato de que o aluno que estava ameaçando era considerado um dos mais problemáticos e agressivos da sala de aula e ajudou os dois meninos a reconstruir a situação de outra maneira. Resultado: o "ameaçador" e o "ameaçado" solucionaram o conflito e saíram brincando juntos. Nenhum dos dois foi rotulado, ameaçado ou punido. Continuaram a se divertir como amigos.

Lembramos, assim, que técnicas bem-sucedidas para ensinar as crianças a controlar a agressividade vão além da supressão dos impulsos agressivos: passam pela consideração de outras maneiras de se comportar (Cole e Cole, 2003). Simplesmente dizer ao Max que ele não pode bater não ajudaria as duas crianças a resolver o problema criado; foi necessária a intervenção da professora, ajudando-o a entender o que ele realmente queria para que o conflito tivesse uma solução pacífica.

Voltando às respostas de polidez, os resultados referentes ao Grupo de Comparação indicam que a escola tem seu papel no aprendizado de tais reações. O aumento de soluções relacionadas com a polidez remete-nos a um estudo em que se investiga a importância da polidez no processo de construção do comportamento moral (La Taille, 2001). Em todas as idades representadas naquela pesquisa (6, 9 e 12 anos), a polidez é associada a um dever moral pela maioria dos participantes. O autor conclui que a polidez tem lugar relevante na gênese da moralidade, por pertencer ao conjunto de valores e regras com os quais a criança penetra o universo moral e onde ela reconstrói esse universo em direção à autonomia. Ou seja, à medida que a criança se desenvolve, percebe que a polidez é importante como manifestação de respeito a outro ser humano; a criança passa a perceber outras ações como também importantes, ações não só de respeito, mas de generosidade, consideração e justiça.

A polidez, portanto, tem seu valor no desenvolvimento da moralidade da criança, embora integre os níveis mais básicos de desenvolvimento moral. Ou seja, é compreendida pela maioria das crianças de 6 a 12 anos e é importante na construção do comportamento moral. Portanto, nós, professores, precisamos, sim, ensinar a criança a dizer "Por favor", "Obrigada", "De nada", "Com licença", "Me desculpe"; mas o aprendizado não pode parar por aí.

Quanto à *qualidade das reações*, observa-se que, no teste de soluções alternativas, diversas soluções apresentadas denotam comportamentos que contribuem para a competência social (Del Prette e Del Prette, 2003). O Grupo de Comparação aumentou o número de soluções que demonstram habilidades cooperativas. Já os dois grupos de intervenção aumentaram soluções que demonstram positividade com os colegas, habilidades cooperativas e expressivas. Voltando ao exemplo do "grandão" do Capítulo 3, caso ele pertencesse ao Grupo de Comparação, ao frequentar a escola durante certo tempo, provavelmente não teria escolha a não ser agredir quando provocado e, em seguida, depois de ser admoestado, pedir desculpas. Caso pertencesse ao Grupo de Intervenção, provavelmente teria mais opções: ele poderia pensar em ignorar a provocação ou então ser assertivo e dizer para o colega que ele não está gostando da brincadeira (soluções pró-sociais); ao mesmo tempo, pensaria em dar uma rasteira no colega disfarçadamente e dizer que foi sem querer, pedindo desculpas em seguida, ou em prejudicá-lo de outra forma (soluções antissociais); no final, optaria, provavelmente, por se controlar, para evitar ser repreendido, evitar o risco de ser mandado para a diretoria, ou evitar a raiva dos colegas e o risco de perder a amizade deles.

Os resultados da pesquisa deixaram claro que conhecer as soluções adequadas é condição necessária, mas não suficiente, para as crianças agirem de forma socialmente competente. O conflito descrito no exemplo a seguir se passou no fim de agosto, no Grupo EPRP, em que foram trabalhadas apenas habilidades de solução de problemas interpessoais. Nessa época do ano, já havíamos visto as lições que treinam soluções alternativas, portanto as crianças já sabiam bem o que deveriam fazer.

Exemplo

Quando voltamos do ensaio de música para a sala de aula, Lila abriu um pacote de salgadinho e começou a distribuir entre as colegas. Tirei o pacote dela e disse:

Eu – Agora eu não vou devolver, a não ser que a sua mãe venha buscar, assim ela te explica o que eu já tentei e você parece que não entendeu. Nós já não combinamos sobre isso? Você não sabe da regra?

Lila – Mas foi a Leia que pediu.

Eu – Se você sabe da regra, que não poderia comer na classe senão perderia o salgadinho, que outra coisa você poderia ter feito quando a Leia pediu?

Lila – Eu poderia ter perguntado para a Leia: "Você não sabe qual é a regra, que não pode comer aqui dentro?"

Eu – Ah, parabéns! Você conseguiu pensar em uma coisa diferente de quebrar a regra. Você tem mais alguma ideia?

Leia – Eu poderia ter pedido para você guardar o salgadinho logo que eu entrei na sala, assim a colega não ia pedir.

Eu – Muito bem! Você já me deu duas ideias diferentes. Mais alguma?

Alice (a colega que estava ouvindo o diálogo) – Professora, ela poderia ter falado que daria o salgadinho assim que terminasse a aula.

Eu – Ótimo! Vocês já me deram três ideias diferentes, mais alguma?

Nana (outra colega que estava ao lado) – Ela poderia ter dito para a Leia que lugar de comer é no recreio.

Eu – Muito bom! Mais alguma ideia (como ninguém se manifestou encerrei o assunto)? Já vi que sua mãe não precisa te explicar. Da próxima vez, pense antes de agir, já que você sabe direitinho o que fazer.

Fica claro que as crianças tinham consciência da regra, do porquê dela; se a garota não obedeceu não foi por falta de ideias do que fazer.

Em resumo, as crianças de todos os grupos desenvolveram recursos cognitivos para lidar com situações interpessoais problemáticas, porém em direções diferenciadas entre as turmas que passaram por uma intervenção e aquela que foi exposta apenas às influências do ambiente escolar. A redução das soluções agressivas e a emergência de reações polidas em todas as turmas sugerem um processo de socialização em curso na escola, mediante o qual a criança aprende o que não se deve fazer e passa a discriminar as situações em que as "palavras mágicas" devem ser usadas. Por outro lado, patenteia-se o efeito benéfico da intervenção, tornando a criança mais competente para pensar em outras formas de se comportar diante dos problemas interpessoais.

No entanto, a intervenção multimodal foi além do avanço cognitivo propiciado pelo EPRP. Depois de passarem por ela, as crianças se mostraram mais motivadas a agir da forma adequada com autonomia. Não só aprenderam a agir nos conflitos interpessoais como desenvolveram motivação para a ação correta.

Saber fazer é diferente de querer fazer!

Lembrando que nem sempre há coerência entre o que se pensa e o que se faz, ao nos proporrmos a ampliar a capacidade cognitiva das crianças na habilidade de buscar soluções alternativas para problemas interpessoais, também buscamos fortalecer a ligação entre essas habilidades cognitivas e o ajuste do comportamento em sala de aula. Desse modo, a verificação da *generalização da habilidade social cognitiva para o comportamento* foi um procedimento importante na pesquisa. Afinal de contas, as crianças mostravam ter aprendido a pensar a respeito dos problemas interpessoais, mas será que elas estavam modificando o comportamento ou só a forma de pensar? Para tal análise, utilizamos o diário de campo.

Tanto no Grupo de Intervenção quanto no Grupo EPRP, as crianças que mais se beneficiaram foram as que mais se envolviam em conflitos interpessoais. Esses dados estão em concordância com a literatura, que indica que, em um programa de intervenção, os maiores benefícios em geral são para as crianças com "necessidades especiais" ou consideradas "de risco" (Denham e Almeida, 1987). Embora as crianças do estudo não tenham sido caracterizadas como de risco, o comportamento daquelas que mais se envolveram em conflitos interpessoais pode ser considerado problemático, devido à elevada frequência com que se envolviam em situações interpessoais conflituosas.

A intervenção multicomponente foi além desse importante benefício aos alunos mais vulneráveis, diminuindo a ocorrência de conflitos interpessoais abertos, não apenas com as crianças consideradas mais difíceis, mas também com os outros alunos. Desse modo, a intervenção se mostra uma ferramenta preventiva adequada para o professor lidar com os conflitos interpessoais na sala de aula; com ela, é possível preparar as crianças para lidar com conflitos antes que eles aconteçam.

Não se esperava que os conflitos deixassem de existir, pois, como foi enfatizado no Capítulo 1, eles fazem parte da convivência. Mas a redução substancial dos conflitos "abertos" sugere que, quando acontecem, provavelmente são resolvidos de forma satisfatória para todos os envolvidos, sem prejudicar o clima de convivência em sala de aula nem interferir nas atividades relacionadas aos conteúdos acadêmicos.

De acordo com os indicadores fornecidos pelos instrumentos de avaliação, diante das inúmeras possibilidades de ação na rotina da sala de aula, a criança que passou pela intervenção multicomponente dá indícios de estar mais independente, diminui comportamentos de agressão e provocação ao colega, mostra estar mais centrada na aprendizagem e amplia sua rede de apoio social.

Nota-se, assim, que houve uma generalização da cognição para o comportamento, o que dificilmente é perceptível nos estudos em que se trabalha apenas o desenvolvimento de habilidades de solução de problemas interpessoais. Neste ponto, podemos perguntar: por que as crianças que passaram pela intervenção multicomponente se mostraram mais propensas a agir de acordo com o que sabiam?

Não temos uma resposta definitiva; supomos que ela está associada ao módulo de histórias com discussão de valores humanos. Na elaboração desse módulo, trabalhamos com a hipótese de que, se a criança aperfeiçoa o modo de pensar mas não modifica o modo de sentir, não muda os valores básicos que direcionam suas ações. Ela meramente aprimora sua capacidade de resolver problemas interpessoais dentro dos valores que a direcionam, o que explicaria, inclusive, resultados controversos de estudos que avaliaram os efeitos do EPRP (Weissberg *et al.*, 1981). Assim como nesses estudos, observamos que, no Grupo EPRP, as crianças melhoraram a capacidade de pensar em soluções alternativas e tornaram-se mais criativas, mas não generalizaram necessariamente essa capacidade para o comportamento, ou seja, pensavam de maneira socialmente mais adequada, mas nem sempre agiam de acordo. Já no Grupo de Intervenção, o ganho no pensamento de soluções alternativas é acompanhado por um grande ganho no ajuste das crianças em sala de aula.

O fato de as crianças terem aumentado a variedade de soluções alternativas indica um ganho de repertório de soluções potenciais. Mas, à parte a questão do repertório, ser coercitivo ou cooperativo depende de uma atitude moral (La Taille, Oliveira e Dantas, 1992). O indivíduo pode ter condições cognitivas para ser cooperativo, mas resolve não o ser porque a coerção lhe interessa. Além disso, considera-se que valores raramente questionados talvez enfraqueçam o comportamento, tornando a criança vulnerável diante de situações de conflito (Maio *et al.*, 2001). Quando um valor ou uma virtude é discutido, fortalecem-se os argumentos cognitivos que embasam determinado comportamento, favorecendo uma tomada de posição consciente e coerente com os valores assumidos diante de um conflito. Seguimos o argumento de que a discussão dos valores pode gerar forte impacto motivacional para que a pessoa aja de acordo com esses valores.

Associando ao ensino de habilidades cognitivas de solução de problemas interpessoais um módulo de discussão de valores humanos por meio de histórias, acreditamos que conseguimos fornecer subsídios cognitivos passíveis de ser compreendidos, especificamente, por crianças pequenas, no início da fase de escolarização. A narração de histórias, com a participação ativa das crianças na busca de compreensão dos problemas enfrentados pelos personagens, permite-lhes entender, de maneira prática, alguns valores básicos que sustentam comportamentos pró-sociais, tornando esses comportamentos fortes diante de situações onde são exigidas escolhas de conduta imediatas.

Além disso, por meio da discussão de histórias, permite-se às crianças explorar os pensamentos e os sentimentos dos personagens, circunstâncias externas, planos e resultados. A criança fica à vontade para colocar suas ideias sem se sentir exposta, possibilitando ao professor trabalhar na desconstrução de esquemas preestabelecidos, ou seja, por meio das histórias pode-se demonstrar aos pequenos que nem sempre as situações são como eles imaginam.

Ao discutir os valores embutidos nas histórias, ao desconstruir preconceitos, ao estimular o colocar-se no lugar do outro, estamos permitindo às crianças explorar outras formas de pensar, vivenciar diferentes sentimentos e analisem as circunstâncias externas que, muitas vezes, nos constrangem a agir de determinada maneira; trabalhamos, enfim, com a motivação da criança – que, com o tempo, modifica a sua forma de ver, de sentir e, consequentemente, de agir sobre conflitos interpessoais.

Reiteramos, assim, a convicção de que a discussão de valores humanos é fundamental nos resultados referentes à mudança de comportamento, sobretudo quanto ao exercício da empatia, frequentemente estimulada nas histórias. Nossa crença encontra apoio na teoria que coloca comportamentos de ajuda como consequências da internalização de valores e o despertar das intenções pró-sociais como resultado de sentimentos associados à oportunidade de compartilhar emoções e experiências com os outros – o que estimula na criança a empatia, quando ela tem a oportunidade de se sensibilizar para questões que envolvem injustiças, desigualdades e as necessidades dos outros (Koller, 1997).

Merece atenção especial o sentimento da generosidade. Nenhuma criança consegue, se já não for da sua natureza, ser "obrigada" a ser generosa, principalmente se forçada a emprestar seus objetos pessoais, repartir seu lanche, emprestar seu bichinho de pelúcia, entre outros atos que, quando impostos, podem ser considerados estereotipados. Sendo a generosidade estreitamente ligada ao sentimento de compaixão, ensinar a criança a ser generosa envolve todo um contexto que propicie o despertar e o fortalecimento desse sentimento.

À parte o papel da generosidade na construção de relações mais harmônicas, lembramos que ela é importante na construção do senso de justiça. Atos generosos das crianças pequenas demonstram sua capacidade e vontade de levar em conta o ponto de vista dos outros (descentração), abrindo caminho para as relações de reciprocidade sobre as quais repousam os ideais de justiça acima da submissão à autoridade. Assim, a generosidade, sendo menos relacionada às imposições de justiça, é mais ligada às relações despertadas pela empatia, que são mais simétricas, portanto mais autênticas, por serem decorrentes de relações de cooperação (La Taille, 2006).

Exemplo: Vera

Ao longo de todo o ano, Vera mostrou-se uma criança determinada. Não dava muita atenção à solicitação das pessoas para que se comportasse de acordo com as regras. Faltava bastante, sempre arranjando uma desculpa quando queria ficar em casa. Em sala de aula, conversava e andava muito, fazendo as lições apenas quando pressionada; costumava se apropriar de materiais coletivos e só devolvia após intensa pressão da professora sobre a classe. Por outro lado, era uma menina sensível e prestativa à necessidade dos outros, sempre solícita quando alguém precisava de ajuda, inclusive a professora.

Em um dos dias de festa da escola, combinou-se que as garotas compareceriam vestidas de cor-de-rosa ou com vestido de princesa para brincar de boneca. Uma das crianças, das mais desprovidas economicamente e em termos de cuidados, compareceu com o uniforme e, quando viu todas as meninas vestidas de princesa, começou a chorar. Antes de ver o choro da coleguinha, Vera havia andado pelo pátio, verificando qual das meninas estava sem vestido para poder ajudar. Uma das professoras apontou a colega e disse que ela estava chorando porque não tinha o vestido. Imediatamente, por conta própria, Vera ligou do telefone público para a mãe e contou o caso, pedindo que trouxesse uma vestimenta sua. A mãe veio e emprestou um lindo vestido da filha à colega, deu um sapato a ela e ajudou-a a enfeitar os cabelos. Passaram o dia brincando felizes.

Pensamos que Vera, como toda garota de 6 anos, tinha o sentimento de justiça ainda muito autorreferenciado, mas era uma garota empática e portanto sensível às necessidades dos outros. Os argumentos que eu usava para convencer as crianças da classe a devolver o material coletivo do qual elas se apropriavam eram sempre direcionados para a questão da injustiça de levar um material que pertencia à classe e que, se aquilo continuasse a acontecer, em breve não teríamos mais materiais coletivos. Para uma garota com um pensamento ainda autorreferenciado, provavelmente essa questão da justiça não era tão lógica, afinal de contas, "eram muitos materiais, várias crianças se apropriavam também, por que ela não poderia pegar um? Não era justo". Já em relação à colega que não tinha o vestido, a garota, usando de generosidade, corrigiu, de maneira pontual, uma injustiça social: não era sua obrigação, mas com seu ato a criança referida garantiu o direito de se divertir e de inclusão social. Em resumo, Vera não se submetia facilmente à autoridade, mas se sensibilizava às necessidades dos outros. Era uma criança generosa.

Como vimos no Capítulo 3, a generosidade ultrapassa a disposição pró-social, no sentido de não se restringir ao grupo de pertença do indivíduo, mas se dispor a atender à necessidade de alguém, objetivando amenizar suas dificuldades, independentemente do grupo social a que esse alguém pertence.

Dessa forma, ficam abertas as portas a essas crianças para, por intermédio da generosidade, chegar ao entendimento da justiça no seu sentido pleno (La Taille, 2006).

"Eu sei o que deveria ter feito, eu queria fazer, mas... perdi a cabeça"

Um dos pressupostos que fundamentaram a elaboração do programa, o autocontrole – considerado uma importante habilidade social (Del Prette e Del Prette, 2005) –, é condição básica para que o indivíduo consiga agir de acordo com os valores assumidos. Existe uma distância entre o saber fazer, ou seja, ter condições cognitivas para agir moralmente diante de conflitos interpessoais, e a ação em si. Além da motivação, do "querer fazer", que foi discutido na seção precedente, há que "poder fazer". Muitas vezes a criança tem condições cognitivas e motivação para agir de forma pró-social, mas não consegue, por serem as condições contingentes do ambiente superiores à capacidade do indivíduo de regular as emoções negativas que lhe tolhem a ação.

Merece atenção especial, portanto, o papel do módulo de intervenção para o autocontrole. Considera-se que a habilidade de regular emoções negativas, como raiva e impaciência, desempenha um papel importante na interrupção da agressão e da violência.

Os fatos que dão origem às situações de conflito, ou seja, os detonadores associados a tais situações, não foram diretamente avaliados neste estudo. Optamos por medir a percepção, por parte da criança, de situações consideradas estressantes na escola, mais especificamente situações estressoras cotidianas que desafiam as crianças na transição do segundo ano (Rende e Plomin, 1992; Marturano, Trivellato-Ferreira e Gardinal, 2009). Esperava-se com a intervenção melhorar a capacidade das crianças de regular as emoções negativas, tornando-as menos perturbadas e irritadas com as referidas situações.

Observando-se os resultados referentes à exposição e à intensidade dos efeitos do estresse nas crianças, percebe-se que, depois da intervenção, as situações do cotidiano escolar passaram a ser avaliadas como significativamente menos estressantes, ou seja, as crianças do Grupo de Intervenção continuaram expostas a situações estressantes, mas já são menos afetadas por elas, quando olhadas em relação ao Grupo de Comparação.

Levando em conta a nossa posição de considerar que é o estado emocional, mais do que a exposição da criança, que deveria ser regulado, e a expectativa de uso mais frequente de estratégias ativas de *coping* com a idade (Dias, Vikan e Gravas, 2000), pode-se dizer que, trabalhando na "zona de desenvolvimento proximal" (Vygotsky, 1991), as crianças do Grupo de Intervenção tornaram-se menos vulneráveis ao efeito do estresse. Ponderando que nossa proposta de intervenção, mais especificamente o módulo de autorregulação, não nega a existência de fatos estressantes, mas se propõe a preparar a criança no sentido de instrumentalizá-la com estratégias de enfrentamento para lidar com as situações, podemos dizer que o objetivo de preparar as crianças para lidar com o estresse foi atingido.

Considerações finais

Trabalhamos com um programa de intervenção inspirado na necessidade de melhorar as relações interpessoais em sala de aula no início do ensino fundamental. De base desenvolvimentista, esse programa apoiou-se em pesquisas que preconizavam o ensino de habilidades de solução de problemas interpessoais, mais especificamente a busca de soluções alternativas, como fundamental no desenvolvimento do processo de socialização. No entanto, com base em experiência prévia, tínhamos clareza de que o ensino de tais habilidades é importante, mas não determinante para que as crianças consigam desenvolver um nível de relacionamento interpessoal que possa preservá-las do envolvimento em sucessivos confrontos com pares e adultos de sua convivência. Buscando contribuir para um convívio mais saudável em sala de aula, demos início a um programa de intervenção estruturado nas seguintes bases: para que uma ação possa ser desenvolvida é necessário que a pessoa saiba como agir, queira agir daquela maneira e consiga se controlar o bastante para coordenar os recursos de que dispõe para que tal ação seja concretizada.

Esse trabalho implicou optar por uma concepção de desenvolvimento que nos facultasse estimar as possibilidades de desenvolvimento cognitivo e socioafetivo da criança de 5 a 8 anos, conhecendo-se as condições em que ela vive, para agir na "zona de desenvolvimento proximal", ou seja, o que é possível, naquele momento, no estágio em que a criança se encontra.

Crianças que ingressam no ensino fundamental, teoricamente, já são capazes de desenvolver o sentimento de empatia e começam a compreender o sentimento de justiça, estando aptas, portanto, a participar de um programa de intervenção que procura ensiná-las a agir em situações específicas do cotidiano, sensibilizá-las para os diversos pontos de vista e sentimentos envolvidos em um conflito e ajudá-las a se autocontrolar para que sejam capazes de disponibilizar os recursos de que dispõem para a resolução de problemas.

Considerando-se que as crianças já trazem de casa um padrão de relacionamento previamente determinado, partimos dos esquemas preestabelecidos para uma forma de relacionamento saudável com base nos pressupostos definidos acima. Obviamente, este é um programa pontual. Como todo programa educativo, requer continuidade, ou seja, para garantir a permanência dos benefícios seria necessária uma continuidade ao longo do ensino fundamental.

A aplicação do programa na sala de aula nos trouxe lições importantes sobre a capacitação do professor para essa tarefa. Como vimos ao longo de todo este livro, lidar com habilidades sociais exige que o profissional revise a sua maneira de enfrentar problemas interpessoais; da mesma forma, o trabalho com valores humanos exige que o profissional analise os valores que efetivamente direcionam suas ações no dia a dia[12].

Os resultados do programa têm sido animadores quanto à sua contribuição para a melhora da convivência na escola. A criança vai cumprir as regras que regulam as relações interpessoais, indignar-se diante de injustiças, dispor-se a ajudar os colegas, enfim, mobilizar os recursos cognitivos e afetivos ao seu alcance para criar e manter um clima agradável de convivência, à medida que ela desenvolve, em relação ao agir moral, um sentimento de dever, apoiado em saberes e poderes que a capacitam para tanto. A experiência mostrou que é possível orientar crianças pequenas nessa trajetória, por meio de oportunidades guiadas de exercício da compaixão e da generosidade, associadas à reflexão sobre valores humanos básicos em situações concretas e ao desenvolvimento de habilidades sociais e autocontrole.

Mas este é apenas um ponto de partida, há muito ainda para ser feito. Observar, pesquisar e, principalmente, AGIR.

---

12. Trata-se, principalmente, da legitimação da ação moral, isto é, "vou fazer porque é nisso que acredito", a convicção de que aquele ato é o melhor para o seu projeto de felicidade, seja como indivíduo, seja como cidadão do mundo em que vive. É essa convicção que leva a pessoa a mobilizar todos os recursos ao seu alcance na direção da meta idealizada. A crença de que agindo de determinada maneira estamos realizando o melhor desperta sentimentos que nos conduzem à ação moral por escolha e reflexão.

Referências bibliográficas

BEE, H. *A criança em desenvolvimento.* 9. ed. Trad. Maria Adriana Verís simo Veronese. Porto Alegre: Artmed, 2003.

BEOTO, O. K. "El desarrollo de valores morales desde la perspectiva de enfoque histórico-cultural de L. S. Vygotsky e continuadores". *Educa tiva*, Goiânia, v. 4, n. 1, 2001, p. 67-8.

BORGES, D. S. C. *O ensino de habilidades de solução de problemas inter pessoais em uma classe de 1ª série do ensino fundamental.* Dissertação (Mestrado) – Programa de Pós-Graduação em Psicologia, Universida de de São Paulo, Ribeirão Preto, 2002.

BORGES, D. S. C.; MARTURANO, E. M. "Desenvolvendo habilidades de solução de problemas interpessoais no ensino fundamental". *Paideia (Ribeirão Preto)*, Ribeirão Preto, v. 12, n. 24, 2002, p. 185-93.

_____. "Aprendendo a gerenciar conflitos: um programa de intervenção para a 1ª série do ensino fundamental". *Paideia (Ribeirão Preto)*, Ribeirão Preto, v. 19, n. 42, jan./abr. 2009, p. 17-26.

BRONFENBRENNER, U. *A ecologia do desenvolvimento humano: experimentos naturais e planejados.* Porto Alegre: Artes Médicas, 1996.

BRONFENBRENNER, U.; MORRIS, P. A. "The ecology of developmental processes". In: DAMON, W.; LERNER, R. M. (orgs.). *Handbook of child psychology.* V. 1: theoretical models of human development. Nova York: John Wiley, 1998, p. 993-1028.

BUHS, S.; LADD, G. W.; HERALD, S. H. "Peer exclusion and victimization: processes that mediate the relation between peer group rejection and children's classroom engagement and achievement?" *Journal of Educational Psychology*, Washington, v. 98, n. 1, 2006, p. 1-13.

COLE, M.; COLE, S. *O desenvolvimento da criança e do adolescente*. 4. ed. Trad. Magda França Lopes. Porto Alegre: Artmed, 2003.

DEL PRETTE, A.; DEL PRETTE, Z. A. "Aprendizagem socioemocional na infância e prevenção da violência: questões conceituais, avaliação e intervenção". In: DEL PRETTE, A.; DEL PRETTE, Z. A. (orgs.). *Habilidades sociais, desenvolvimento e aprendizagem: questões conceituais e metodologia da intervenção*. Campinas: Alínea, 2003, p. 83-127.

_____. *Psicologia das habilidades sociais: teoria e prática*. Petrópolis: Vozes, 2005.

_____. *Psicologia das habilidades sociais: terapia e educação*. Petrópolis: Vozes, 1999.

DENHAM, S. A.; ALMEIDA, M. C. "Children's social problem-solving skills, behavioral adjustment, and interventions: a meta-analysis evaluating theory and practice". *Journal of Applied Developmental Psychology*, Nova York, v. 8, 1987, p. 391-409.

DIAS, M. G. B. B.; VIKAN, A.; GRAVAS, S. "Tentativa de crianças em lidar com as emoções de raiva e tristeza". *Estudos de Psicologia*, Natal, v. 5, n. 1, 2000, p. 49-70.

FANTE, C. *Fenômeno bullying: como prevenir a violência nas escolas e educar para a paz*. 2. ed. Campinas: Verus, 2005.

GARNER, P. W.; LEMERISE, E. A. "The roles of behavioral adjustment and conceptions of peers and emotions in preschool children's peer victimization". *Development and Psychopathology*, Nova York, v. 19, 2007, p. 57-71.

GÓIS, Antônio; MENA, Fernanda; WERNECK, Guilherme. "Pesquisa mostra que ofender colegas nem sempre é inofensivo". *Folha de S.Paulo*, São Paulo, 9 jun. 2003, caderno Folhateen, p. 6-7.

HITLIN, S. "Value as the core of personal identity: drawing links between two theories of self". *Social Psychology Quarterly*, Washington, v. 66, n. 2, 2003, p. 118-37.

KOLLER, S. H. "Educação para pró-sociabilidade: uma lição de cidadania?" *Paideia (Ribeirão Preto)*, Ribeirão Preto, v. 12, fev./ago. 1997, p. 39-50.

LA TAILLE, Y. de. "Para um estudo psicológico das virtudes morais". *Educação e Pesquisa*, São Paulo, v. 26, n. 2, 109-121, jul./dez. 2000. Disponível em: <http://www.scielo.br/pdf/ep/v26n2/a08v26n2.pdf >. Acesso em: 26 mar. 2011.

_____. "Desenvolvimento moral: a polidez segundo as crianças". *Cadernos de Pesquisa*, São Paulo, v. 114, p. 89-119, nov. 2001. Disponível em: <http:// http://www.scielo.br/pdf/cp/n114/a04n114.pdf >. Acesso em: 4 abr. 2011.

_____. "A importância da generosidade no início da gênese da moralidade na criança". *Psicologia: Reflexão e Crítica*, Porto Alegre, v. 19, n. 1, 2006, p. 9-17.

LA TAILLE, Y. de; OLIVEIRA, M. K.; DANTAS, H. *Piaget, Vygotsky, Wallon: teorias psicogenéticas em discussão*. São Paulo: Summus, 1992.

LAZARUS, R. S.; FOLKMAN, S. *Stress appraisal and coping*. Nova York: Springer, 1984.

LEME, M. I. S. "Resolução de conflitos interpessoais: interações entre cognição e afetividade na cultura". *Psicologia: Reflexão e Crítica*, Porto Alegre, v. 17, n. 3, 2004, p. 1-21.

MAIO, G. R. et al. "Addressing discrepancies between values and behavior: the motivating effect of reasons". *Journal of Experimental Social Psychology*, San Diego, v. 37, 2001, p. 104 - 117.

MARTURANO, E. M.; GARDINAL, E. C. "Um estudo prospectivo sobre o estresse cotidiano na 1ª série". *Aletheia*, Canoas, v. 27, 2008, p. 81-97.

MARTURANO, E. M.; TRIVELLATO-FERREIRA, M. C.; GARDINAL, E. C. "Estresse cotidiano na transição da 1ª série: percepção dos alunos associação com desempenho e ajustamento". *Psicologia: Reflexão e Crítica*, Porto Alegre, v. 22, n. 1, , 2009, p. 93-101.

McGinnis, E.; Goldstein, A. P. *Skillstreaming the elementary school child: new strategies and perspectives for teaching prosocial skills*. Champaign: Research Press, 1997.

Narvaz, M. G.; Koller, S. H. "O modelo bioecológico do desenvolvimento humano". In: Koller, S. H. (org.). *Ecologia do desenvolvimento humano: pesquisa e intervenção no Brasil*. São Paulo: Casa do Psicólogo, 2004, p. 51-65.

Nucci, L. "Psicologia moral e educação: para além de crianças 'boazinhas'". *Educação e Pesquisa*, São Paulo, v. 26, n. 2, p. 71-89, 2000. Disponível em: <http://www.scielo.br/pdf/ep/v26n2/a06v26n2.pdf>. Acesso em: 26 mar. 2011.

Palangana, I. C. *Desenvolvimento e aprendizagem em Piaget e Vygotsky: a relevância do social*. 3. ed. São Paulo: Summus, 2001.

Radke-Yarrow, M.; Zahn-Waxler, C.; Chapman, M. "Children's prosocial dispositions and behavior". In: Mussen, P. H. (org.). *Handbook of child psychology: formerly Carmichael's Manual of Child Psychology*. 4. ed. V. 3: Cognitive development. Nova York: John Wiley & Sons, 1983, p. 469- 529.

Rende, R. D.; Plomin, R. "Relations between first grade stress, temperament, and behavior problem". *Journal of Applied Developmental Psychology*, Nova York, v. 13, n. 4, 1992, p. 435-46.

Saniele, B. "86% das escolas de SP relatam violência". *Folha de S.Paulo*, São Paulo, 13 nov. 2008, p. C4.

Shore, R. *Repensando o cérebro*. Trad. Iara Regina Brazil. Porto Alegre: Mercado Aberto, 2000.

Shure, M. B. *The PIPS Test Manual for 4 to 6 year old children*. 2. ed. Filadélfia: Hahnemann University Department of Mental Health Sciences, 1990.

_____. *Eu posso resolver problemas – Educação infantil e ensino fundamental: um programa de solução cognitiva para problemas interpes-*

soais. Trad. Edna Maria Marturano, Ana Maria de Almeida Motta, Luciana Carla dos Santos Elias. Petrópolis: Vozes, 2006.

TRIVELLATO-FERREIRA, M. C.; MARTURANO, E. M. "Recursos da criança, da família e da escola predizem competência na transição da 1ª série". *Revista Interamericana de Psicologia*, Porto Alegre, v. 42, n. 3, 2008, p. 549-58.

VERPLANKEN, B.; HOLLAND, R. W. 'Motivated decision making: effects of activation and self-centrality of values on choices and behavior". *Journal of Personality and Social Psychology*, Washington, v. 82, n. 3, 2002, p. 434-47.

VYGOTSKY, L. S. *A formação social da mente: o desenvolvimento dos processos psicológicos superiores*. 4. ed. Trad. José Cipolla Neto, Luis S. M. Barreto, Solange C. Afeche. São Paulo: Martins Fontes, 1991.

WEISSBERG, R. P. et al. "Evaluation of a social problem solving training program for suburban and inner-city third grade children". *Journal of Consulting and Clinical Psychology*, Washington, v. 49, n. 2, 1981, p. 251-61.

Livros infantis utilizados no módulo de iniciação aos valores humanos

BANDEIRA, P. *A formiga e a pomba*. São Paulo: Moderna, 1998.

BREITMAN, A. K. *O menino e a baleia*. São Paulo: Companhia Editora Nacional, 2004.

BUENO, M. *Anita Bocadura*. São Paulo: Callis, 2010. (Coleção Moral da História)

ESPOSITO, C. *A parábola do bom samaritano*. São Paulo: Paulinas, 2010.

FURNARI, E. *Nós*. São Paulo: Global, 1999.

GIRARDET, S.; ROSADO, P. *Os camelos e o dromedário*. São Paulo: Scipione, 2000. (Coleção Violência, não!)

_____. *O gato e o rato*. São Paulo: Scipione, 2000. (Coleção Violência, não!)

_____. *Lobos contra lobos*. São Paulo: Scipione, 2000. (Coleção Violência, não!)

_____. *A minhoca e os passarinhos*. São Paulo: Scipione, 2000. (Coleção Violência, não!)

_____. *O porcão e o porquinho*. São Paulo: Scipione, 2002. (Coleção Violência, não!)

_____. *A toupeira e os saguis*. São Paulo: Scipione, 2000. (Coleção Violência, não!)

HERRERO, C. E. *Jibobinha*. São Paulo: Moderna, 1993. (Coleção Hora da Fantasia)

IACOCCA, M.; IACOCCA, L. *O jacaré e o sapo*. São Paulo: Ática, 2002.

KING, S. M. *O homem que amava caixas*. São Paulo: Brinque Book, 1997.

_____. *Pedro e Lina*. São Paulo: Brinque Book, 1999.

LA FONTAINE, J. "O velho, o menino e o burro". In: *Fábulas de Esopo*. Adaptação de Lúcia Tulchinski. São Paulo: Scipione, 2005.

_____. *Fábulas de La Fontaine*. São Paulo: Maltese, s/d.

LEWIS, R. *Amigos*. São Paulo: Martins Fontes, 2001.

LOBATO, J. B. R. M. *Fábulas de Monteiro Lobato*. São Paulo: Brasiliense.

MOSES, B.; GORDON, M. *Não fui eu! Aprendendo sobre honestidade*. São Paulo: Scipione, 1999.

ORTHOF, S. *Maria-vai-com-as-outras*. São Paulo: Ática, 2008.

PFISTER, M. *Matias e as pedras mágicas*. São Paulo: Manole, 1997.

ROCHA, R. *Romeu e Julieta*. São Paulo: Salamandra, 2009.

RODRIGUES, R. *O Sermão da Montanha para crianças*. São Paulo: Labor Kids, 2001.

SALLUT, E. *A casinha do tatu*. São Paulo: Moderna, 2002. (Coleção Hora da Fantasia)

TAVARES, C. *Histórias que Jesus contou*. São Paulo: Lake, 1996.

VON, C. *A descoberta de Roberta*. São Paulo: Callis, 2003. (Coleção Moral da História)

leia também

A LINGUAGEM DA EMPATIA
MÉTODOS SIMPLES E EFICAZES PARA LIDAR COM SEU FILHO
Dina Azrak

Infelizmente, amor e bom senso não são suficientes na educação dos filhos. Eles precisam se sentir, acima de tudo, compreendidos. Partindo de sua experiência como psicóloga especialista no relacionamento pais-filhos, Dina oferece ao leitor dicas simples e práticas para percebermos o que as crianças estão sentido e, com base nisso, tomarmos a melhor decisão em caso de conflito. Além disso, mostra como desenvolver a autonomia das crianças e oferece alternativas à crítica e aos rótulos.
REF. 10652   ISBN 978-85-323-0652-4

AFETIVIDADE NA ESCOLA
ALTERNATIVAS TEÓRICAS E PRÁTICAS
Valéria Amorim Arantes (org.) Marta Kohl de Oliveira, Maria Cristina M. Kupfer, Nilson José Machado e outros

Este livro questiona os dualismos estabelecidos no mundo científico e escolar, que separa cognição e afetividade, razão e emoção, assumindo que tais dimensões são indissociáveis no funcionamento psíquico humano. Essa discussão apresenta a contribuição de 13 autores, estudiosos de diferentes campos do conhecimento: educação, psicologia, linguística, neurologia e matemática.
REF. 10840   ISBN 978-85-323-0840-5

COMO FALAR PARA O ALUNO APRENDER
Adele Faber e Elaine Mazlish

Das mesmas autoras de Como falar para seu filho ouvir e como ouvir para seu filho falar, este livro traz sugestões para os problemas de comunicação entre alunos, professores e pais. De forma leve e divertida, analisa as situações mais recorrentes de dificuldades escolares. As autoras demonstram que grande parte desses problemas pode ser solucionada ou encaminhada mudando-se a forma de comunicação entre as partes envolvidas.
REF. 10866   ISBN 978-85-323-0866-5

DE DOCENTE PARA DOCENTE
PRÁTICAS DE ENSINO E DIVERSIDADE PARA A EDUCAÇÃO BÁSICA
Windyz B. Ferreira e Regina Coeli B. Martins

Este manual para o dia a dia dos professores da educação básica (especialmente os das séries do ensino fundamental) de escolas públicas ajuda o docente a refletir sobre a própria prática. Com textos curtos e exemplos reais, a obra ensina a desenvolver uma sala de aula inclusiva, dá dicas de como melhorar a qualidade da educação e explica como promover a colaboração.
REF. 10380   ISBN 978-85-323-0380-6

---------- dobre aqui ----------

CARTA-RESPOSTA
NÃO É NECESSÁRIO SELAR

O SELO SERÁ PAGO POR

AC AVENIDA DUQUE DE CAXIAS
01214-999 São Paulo/SP

---------- dobre aqui ----------

ALFABETIZAÇÃO EM VALORES HUMANOS

CADASTRO PARA MALA DIRETA

Recorte ou reproduza esta ficha de cadastro, envie completamente preenchida por correio ou fax, e receba informações atualizadas sobre nossos livros.

Nome: _____ Empresa: _____
Endereço: ☐ Res. ☐ Coml. _____ Bairro: _____
CEP: _____ - _____ Cidade: _____ Estado: _____ Tel.: ( ) _____
Fax: ( ) _____ E-mail: _____
Profissão: _____ Professor? ☐ Sim ☐ Não Disciplina: _____ Data de nascimento: _____

1. Você compra livros:
☐ Livrarias ☐ Feiras
☐ Telefone ☐ Correios
☐ Internet ☐ Outros. Especificar: _____

2. Onde você comprou este livro? _____

3. Você busca informações para adquirir livros:
☐ Jornais ☐ Amigos
☐ Revistas ☐ Internet
☐ Professores ☐ Outros. Especificar: _____

4. Áreas de interesse:
☐ Educação ☐ Administração, RH
☐ Psicologia ☐ Comunicação
☐ Corpo, Movimento, Saúde ☐ Jornalismo
☐ Comportamento ☐ Propaganda e Marketing
☐ PNL ☐ Cinema

5. Nestas áreas, alguma sugestão para novos títulos? _____

6. Gostaria de receber o catálogo da editora? ☐ Sim ☐ Não

7. Gostaria de receber o Informativo Summus? ☐ Sim ☐ Não

Indique um amigo que gostaria de receber a nossa mala direta

Nome: _____ Empresa: _____
Endereço: ☐ Res. ☐ Coml. _____ Bairro: _____
CEP: _____ - _____ Cidade: _____ Estado: _____ Tel.: ( ) _____
Fax: ( ) _____ E-mail: _____
Profissão: _____ Professor? ☐ Sim ☐ Não Disciplina: _____ Data de nascimento: _____

Summus Editorial
Rua Itapicuru, 613 – 7º andar 05006-000 São Paulo - SP Brasil Tel.: (11) 3872 3322 Fax (11) 3872 7476
Internet: http://www.summus.com.br e-mail: summus@summus.com.br

cole aqui